광장 시민 진보 그 밖에 민주당

일러두기

- 외래어 표기는 현행 어문규정의 외래어표기법을 따랐습니다.
- 이 책의 내용은 2025년 6월 11일부터 2025년 8월 5일까지 일곱 차례 열린 좌담회의 내용을 편집해 옮긴 것입니다.

광장 시민 진보 그 밖에 민주당

김경민 · 김원재 · 안성용 · 양이현경 · 윤석인 · 윤영상
이재정 · 이주원 · 이태호 · 이한솔 · 정유현

대한민국, 서울, 박영률출판사, 2025

광장 시민 진보 그 밖에 민주당

지은이 김경민 · 김원재 · 안성용 · 양이현경 · 윤석인 · 윤영상 · 이재정 ·
이주원 · 이태호 · 이한솔 · 정유현
펴낸이 박영률

초판 1쇄 펴낸날 2025년 12월 11일

박영률출판사
출판등록 제313-1997-000018호(1997년 2월 13일)
02880 서울시 성북구 성북로 5-11
전화(02) 7474 001, 팩스(02) 736 5047
commbooks@commbooks.com
www.commbooks.com

ISBN 978-89-5887-261-0 03340

책값은 뒤표지에 표시되어 있습니다.

머리말

2024년 12월 3일 밤, 우리는 경악했다

이 책이 출간되기 불과 1년 전 1300만여 명이 관람한 영화 〈서울의 봄〉이 실제 상황으로 재현했다. 현직 대통령이 비상계엄을 선포하더니 군용 헬기가 국회 앞마당에 내려앉고, 시민들이 출입을 통제하는 경찰에 항의하며 군 장갑차를 맨몸으로 막아서는 장면이 텔레비전과 유튜브로 생중계됐다. 다행히 자정이 지나 국회는 계엄 해제를 의결했고, 특전사와 수방사 그리고 경찰까지 동원한 친위 쿠데타는 결국 실패했다.

"도대체 왜 이런 일이 일어났는가?" 시민들은 분노하면서도 어안이 벙벙했고, 언론사들은 분석 기사들을 쏟아냈다. "있을 수 없는 일이 벌어졌다." "광주가 떠올랐다." "역사 교과서에나 있을 법한 일이 어떻게 일어나지? 한국은 여전히 후진국인가?" "국가가 나의 일상을 파괴하는 것은 용납할 수 없다." 12월 4일 오후 민주당 등 여섯 개 야당은 곧바로 위헌적 포고령, 형법상 내란죄 등의 혐의로 현직 대통령 탄핵 소추안을 국회에 제출했다. 그러나 국민의힘 의원들은 7일 본회의 표결에 집단 퇴장으로 저항했고, 탄핵 소추는 의사정족수 미달로 무산됐다. 국회 앞마당과 여의도 일대를 가득 메우고 앉아 촛불과 응원봉을 흔들며 '윤석열 탄핵'을 외치던 100만 명의 시민들은 아쉽게 발길을 돌렸다.

12월 14일, 지상 최대의 케이팝 콘서트가 열렸다

전국이 영하권으로 처음 떨어진 날, 국회의사당을 바라보며 무대가 설치되었고, 여의도의 주요 사거리마다 대형 전광판이 세워졌다. 인산인해, 시민들은 더 나아가지 못하고 전광판 앞에 자리를 잡았다. 한강의 바람은 거세고 아스팔트 바닥은 차가웠다. 화면 속 사회자는 연신 "뒷사람이 전광판을 볼 수 있도록 앉아 주세요"라고 외쳤고, 깔개 없는 20대 여성은 맨바닥에 그냥 앉았다. "혼자 왔어요?" 40대 여성이 물으며 자신의 깔개 두 장 중 한 장을 그녀에게 나눠 주었다. 젊은 여성은 가방에서 초콜릿 봉지를 꺼내 주위 사람들에게 권하며 감사를 표했다. 화장실을 찾아 다녀오던

50대 남성은 어묵 두 그릇을 내밀며 말했다. “저기 하얀 빌딩 옆에 남성용 이동식 화장실이 있고요. 여성용은 건물 1층 커피숍에 개방돼 있어요. 그 앞에 어묵탕을 무료로 나눠주는 밥 차가 있어요. 커피숍에선 누가 선결제했다면서 무료 커피를 나눠 주고 있어요.” 잘 터지지 않는 핸드폰으로 겨우 친구를 찾은 사람이 대열에 한 명씩 추가될 때마다 사람들은 자리를 더 좁히며 어깨를 맞대고 앉았다.

대낮부터 이렇게 사람들은 무대 연설에 호응해 박수치고 노래하며, 사회자의 선창에 따라 구호도 외치며 국회의 표결 시간을 기다렸다. 마침내 주위가 어둑어둑해진 오후 5시, 대형 전광판을 바라보던 시민들이 일제히 함성을 내질렀다. “만세!” “이겼다!” “민주주의가 승리했다.” 낯모르는 옆 사람과 부둥켜안고 기뻐하는 사람들, 깡충깡충 뛰는 사람들이 있었다. 그리고 눈물을 흘리는 사람도 많았다.

이날 서로를 놀라게 하고 즐겁게 하면서 국회의 탄핵 소추 가결을 확신하게 만든 매개는 바로 깃발이었다. 이미 일주일 전 여의도 집회에 나온 개인 깃발들이 언론에 소개되며 화제를 뿌린 터였다. ‘전국 집에 누워 있기 연합: 제발 그냥 누워 있게 해 줘라. 우리가 집에서 나와서 일어나야겠냐’ 같은 문구가 적힌 재기발랄한 깃발들이 여의도 광장을 가득 메우며 탄핵 의결을 예고한 것이다.

이날 추위와 어둠을 물리치려는 시민들은 지상 최대 규모의 케이팝 콘서트를 펼쳤다. 전광판과 스피커에서는 케이팝 그룹들의 음악이 흘러나왔고, 종일 쪼그려 앉았던 시민들은 모두 일어나 서로서로 축하 인사를 나누며 함께 춤을 추었다. 촛불은 이제 시민들 손에서 거의 사라지고 케이팝 그룹들의 각종 응원봉이 넘실댔다. 형형색색의 응원봉들이 뿜어내는 승리의 빛은 정말 아름다웠다. 아름다운 표정의 사람들은 잠시도 쉬지 않고 거의 두 시간 동안 손을 흔들고 발을 구르며 즐겁게 노래를 불렀다. 그리고 음악의 비트에 맞춰 외쳤다. '체포해!' '구속해!' 소녀시대의 〈다시 만난 세계〉를 부르며 콘서트는 마무리되었다.

어둠은 찬란한 빛의 배경이 된다. 형형색색의 응원봉, 빛의 노래와 춤으로 세계인들의 공감을 이끌어 내며 새로운 광장의 문화와 서사를 그렸다. 20~30대 여성들이 응원봉을 들고 노래와 춤을 추며 광장의 축제 분위기를 주도했다. 40대 여성들도 적극적이었다. 케이팝 노래와 춤에 익숙하지 않은 50~60대 남성들은 박수로 비트에 맞추며 어색하게 노래를 따라 불렀다. 권위적인 가부장제의 모습은 순간 사라졌다.

2025년, 〈케이팝 데몬 헌터스〉가 다시 전 세계를 뒤흔들었다

최초로 케이팝 음악을 중심으로 만든 뮤지컬 애니메이션 〈케이팝 데몬 헌터스〉. 세 여성으로 구성된 악령을 쫓아내는 걸 그룹 '헌트릭스'와 다섯 남성 악령으로 구성된 보이그룹 '사자 보이스'의 선악 대립 구도를 그렸다. 많은 나라에서 음악 차트를 휩쓸었다. 이 애니메이션의 삽입곡 '테이크다운(Takedown)'을 2025년 8월 말부터 인도네시아 시위대가 불렀다. '테이크다운'은 '끌어내려'라는 뜻이다. 말 그대로 '실시간 글로벌'이다. 나온 지 얼마 안 된 노래가 인도네시아 거리에서 불리고 있다니. 몇 년 전 미국에서 인종차별 반대 운동을 할 때도 미국의 BTS 팬들이 주도적인 역할을 했고, 아시아 여러 나라의 거리에서도 케이팝이 불렸다는 보도가 있었다.

그런데 더 놀라운 것은 인도네시아 반정부 시위에 한국 시민들이 연대하고 있다는 소식이었다. 인도네시아로 배달 음식을 보내는 방법을 담은 X(구 트위터) 글의 조회 수가 1000만 회가 넘었고, '주문 인증샷'도 줄줄이 이어졌다. 시민들이 남긴 말들도 보도됐다. "우리가 지난겨울 광장에 음식과 핫팩을 보냈듯 인도네시아에도 연대할 수 있다."

"인도네시아 시위대를 진압할 때 사용된 장갑차와 최루탄은 한국 기업이 수출한 것이다." "모든 민주주의는 서로 연결돼 있다."

꼭 1년 전, 윤석열과 김건희 일당은 내란과 외환의 대죄를 저질렀다

이들의 추악한 범죄는 연일 그 실상이 드러나고 있다. 하지만 범죄자 일당과 그 비호 세력은 지금도 가짜 뉴스를 전파하고 거짓 선동을 일삼으며, 상식에 어긋나는 어이없는 말과 행동을 계속하고 있다. 이재명 새 정부는 '빛의 혁명'이라는 말을 자주 사용하지만, '광장을 채웠던 절절한 목소리들'을 적극적으로 수용하진 않고 있다. 많은 상식적인 시민들은 이 모든 움직임을 호랑이의 눈으로 주시하고 있다.

이 책은 2024년 12월 왜 계엄 사태가 벌어졌는지, 국회의 탄핵부터 헌법재판소의 탄핵 인용과 파면까지 요동치던 과정은 어떠했는지 그리고 대선 과정과 내년 지방선거와 관련한 쟁점은 무엇인지, 각 단체에서 열심히 시국과 관련한 활동을 해 온 이들이 모여 의견을 나눈 기록이다. 광장에 나온 시민들과 지지자·후원자들은 많은 부분에서 인식을 공유하지만, 개인·단체·정당·성·세대에 따라 인식의 차이를 보이기도 한다. 그런 면을, 편안한 대화 형식의 좌담을 통해 충분히 드러내고자 했다. 좌담회가 열린 시기는 2025년 6월부터 8월까지였다. 지면 관계상 그리고 독자의 가독성을 위해 이재명, 윤석열 등 널리 알려진 인명에 대해서는 거의 직함을 달지 않았다. 독자의 양해를 구한다.

독자의 이해를 최대한 돕고자 책을 2부 4장으로 구성했다. 이 책을 통해 독자들이 우리 사회에 대해 다시 한번 생각하는 시간을 갖기를 바란다.

2025년 12월 3일

좌담 참여자 일동

차례

1부
시민정치와 진보정치

기획

김원재 한국사회과학연구회 이사장

참석자

윤석인 사회, 희망제작소 이사장

김경민 한국YMCA전국연맹 사무총장

안성용 한국사회과학연구회 이사

윤영상 전국비상시국회의 전략기획위원장

이태호 참여연대 운영위원장

정유현 전 녹색당 전국사무처장

들어가기

좌담회 기획 의도와 문제의식

김원재 민주주의가 위기일 때마다 시민들이 직접 일어나 광장에서 불의한 권력을 무너뜨렸다. 또 평소에도 시민사회는 현실 정치에 영향력을 행사해 왔다. 이런 점에서 광의 또는 협의의 시민정치란 무엇인지 이야기를 나누고 싶다.

1987년 이후 민주당 계보와는 다른 진보정당 운동이 늘 있었다. 성과를 낸 때도 있었고 존재감이 희미한 때도 있었다. 이재명 정부와 민주당이 강력히 '중도 보수'를 자처한 현 상황에서, 시민정치와 진보정치는 본질적으로 무엇이 같고 다른지 그리고 향후 그 위상과 역할은 어떠할지 등에 대해, 서로 다른 경험을 한 사람들이 모여 허심탄회한 대화를 나누면서 경험과 인식을 공유하면 좋겠다고 생각했다. 그 내용을 책으로 출간하면 많은 독자에게 도움이 될 것이란 생각이 들어서 여러분을 모셨다.

윤석인 2010년 민선 5기 지방선거를 앞두고 '시민운동의 시대는 가고 시민정치의 시대가 온다'는 이야기를 한 사람들이 있었다. 하지만 시민운동은 나날이 더 중요해지는 것 같다. 그러나 현실은 시민운동 단체들이 단순 재생산도 어려워하는 상황이어서, 시민운동이 안고 있는 문제점을 진단하고 돌파구를 모색해야 한다.

이태호 '시민운동의 시대가 가고 시민정치의 시대가 온다'는 말은 과장되었다. 시민운동을 하는 사람들이 꼭 시민운동만 해야 할 이유는 없다. 광의의 시민운동은 시민의 정치적 리더십과 관련한 모든 것이다. 시민사회에서 정치로 진출할 수도 있다. 정치적 리더십이 꼭 변호사나 교수, 직업적인 정치인에게서만 나올 필요는 없다. 또 진보정치도 꼭 노동조합에서만 나올 것은 아니다.

다만 정치권으로 간 시민사회 인사가 '시민정치 운동'이라는 장르를 열었는지는 미지수다. 문성근 씨가 했던 '100만 민란'도 시민정치 운동이었지만 정치적 목적을 이룬 다음에는 시민운동처럼 지속 가능한 운동으로 남지 못했다. '시민정치가 왔다'고 하기에는 온 것이 없었다. 전체적으로 보면 진보정당 운동조차도 시민정치에서 기반을 찾지 못하고 왜소화한 것 아닌가.

하지만 이미 왔던 것도 있다. 2000년에 시민운동이 하나의 금기에 도전했다. 그 전까지 시민단체는 공명선거 감시 운동을 하면서 중립성을 지켜 왔는데, 낙천·낙선 운동을 한 것이다. 적극적인 정치 개입이었다. 정보를 공개하는 수준을 넘어서 유권자를 동원해 전국의 지역구 선거에서 후보 지지율을 떨어트렸다. 그때 시민단체들은 "우리는 불의에 대해서는 불복종운동도 할 수 있다. 우리는 원하는 사회 개혁을 실현하기 위해 낙선 운동도, 당선 운동도 할 수 있다"라고 말했다. 시민정치 운동은 그때 이미 생겼다.

그런데 요즘에 새로운 현상이 생겼다. 시민들이 성장하고 시민단체가 많아졌다. 시민들은 똑똑해졌고 행동하기 시작했다. 예전에는 시민단체가 깃발이었고, 시민운동의 성격은 다분히 계몽적이었다. 시민들은 후원하고 리더를 지지했다. 요즘은 그런 '지사적(志士的)' 시민운동은 있을 수 없다. 박원순이 마지막이었다. 누가 시민운동가를 그렇게 떠받드나? 요즘 시민들은 스스로 조직하고 활동하며, 시민운동가는 하나의 직업이다.

윤영상 시민사회에서 주로 활동해 온 이태호 위원장, 김경민 총장과는 다르게 안성용 이사와 나는 주로 진보정치, 진보정당 영역에서 활동해 왔다. 진보정치에는 시민정치와 만나는 부분도 있지만, 그것을 넘어 진보정치의 고유한 영역에서 새로움을 모색해야 하는 과제도 있다. 따라서 시민사회와 진보정치 두 영역에서 활동해 온 사람들이 한국 사회가 직면한 문제를 해결하기 위해 품었던 정치적 고민의 핵심 쟁점을 뽑아서 견해를 나누고, 한국 사회에서의 시민정치와 진보정치의 미래를 토론하면 좋겠다.

이태호 '시민정치'라는 용어의 해석, 시민운동의 궤적, 시민사회 내부의 논쟁 등 시민정치의 여러 갈래를 보여 주면서, 실제로 한국에서 시민들이 어떻게 정치에 개입하고 있는지를 다루면 훨씬 재미있는 이야기가 나올 것 같다.

김경민 한국에서 '피플(people)'이라는 단어는 크게 네 가지로 번역된다. '국민'으로 번역하면 '국민의힘'이 나오고, '인민'이 가장 올바른 번역어 같지만 사용하기 힘들다. '민중'으로 번역하면 계급성을 반영하려는 것이고, '시민'으로 번역하면 인민적 보편성, 즉 루소(Jean-Jacques Rousseau)가 말하는 '인민의 일반 의지'를 담으려는 것이다. 그래서 전국비상시국회의, 한국진보연대, 시민사회단체연대회의 등을 모두 합쳐 '시민사회'라고 말해도 사람들이 크게 반발하지 않는다. '시민'이 '위선적인 부르주아 모임'은 아니라는 묘한 합의가 있기 때문이다. 똑같은 말이 번역에 따라 서로 다른 진영에서 사용된다. 시민운동의 목표는 재설정되어야 한다. 네 가지 번역어 중에 국민을 제외한 세 '피플'이 실제 주제라는 점에서 운동을 다시 바라보고 통합적 연대를 구축해야 한다.

시민운동에서 철학이 빈곤하다는 것이 큰 문제라고 생각한다. 이번 기회에 철저하게 고민해 봤으면 한다. '빛의 혁명'이 일어났고 정권은 교체되었다. 하지만 운동은 사라졌다. 시민들의 열망은 무엇이었는지, 남은 과제는 어떻게 해결할 것인지 되돌아보지 않는다. 왜 우리는 정치적 전망을 못 가지는가? 68혁명은 '모든 억압으로부터의 자유'라는 슬로건으로 전 유럽의 정치와 문화에 혁명을 일으켰는데, 우리의 혁명은 정권을 교체하고 해산한다.

윤영상 역사가 다르기 때문에 68혁명과 한국의 시민운동을 직접 비교하기는 어렵다. 한국은 68혁명 이상으로 폭발적인 경험을 했다. 한국의 틀 속에 68혁명의 요소들을 녹여내는 것은 좋지만, 역사의 차이를 드러내면서 생산적인 결과를 내는 것은 좌담회에서 할 수 없는 방대한 작업이다.

안성용 한국의 운동사는 길게 보면 동학농민운동부터 130

년인데 모두 다루기는 어렵다. '한국은 산업화와 민주화에 성공한 나라'라는 인식이 사회에 편재하지만, 실제로는 박정희 정권 이래 반체제·반정부 세력이 있었다. 한국의 반체제 세력은 유럽식 구(舊)사회 운동의 주축이 되는 노동운동, 정당 등을 만들어 내는 데 어려움을 겪었다. 반공 사회였기 때문이다.

한편 1987년 이후 '중산층' 개념이 뚜렷해지고 의식화된 중산층이 시민단체의 주축으로 부상했다. 물론 이 기간 친체제 세력도 강력했으며, 반체제·반정부 운동은 1980년대 말과 1990년대를 거치며 분화했다.

담론의 축 역시 변화했다. 1960~1980년대의 주요 담론은 3민(민중·민주·민족)이었다. 1990년대 이후 '민중'은 '시민'으로 대체되었고, '민주' 개념은 여러 경험을 통해 운동 주체뿐만 아니라 대중에게까지 확장됐다. '민족' 개념은 대미·대일 관계 속에서 다루어지다가 대중·대러 관계까지 고려해야 하는 개념으로 변화했다.

요컨대 한국의 사회운동은 3민 담론에 기반했던 운동 주체의 변화, 1997년 국제통화기금(IMF) 구제금융 사태로 산업·계급 구조가 재편되며 삶이 근본적으로 달라진 대중의 변화라는 두 축으로 분석할 수 있다. 여전히 1980년대의 담론과 인식에 의존하는 사람이 있고, 계속 변화하는 사람도 있다. 이 흐름을 고려하면 이야기가 종횡으로 정리될 수 있을 것이다.

윤석인 담론에 관심이 있었던 그룹과 그렇지 않은 그룹이 있었다. 예컨대 조희연은 사안을 사회과학적으로 규정하고 개념화하려 했다. 반면 박원순 그룹은 그러한 접근을 싫어했다. 실제로 '담론 부재의 기간'이 있었다고 볼 수 있다.

김경민 2024년에 노벨 경제학상을 받은 다론 아제모을루(Daron Acemoğlu)와 제임스 로빈슨(James A. Robinson)은 '국가는 리바이어던'이라는 홉스(Thomas Hobbes)의 말을 변용해서 북유럽의 스웨덴 모델을 '족쇄 찬 리바이어던'이라고 이야기한다. 국가의 독재나 부재를 막기 위해 족쇄를 채워야 한다는 주장이다. 족쇄란 곧 시민사회다. 이 명제를 증명한 대표적인 나라가 한국이다. 근대 이후 세계의 기반은 항상 시민사회였다. 시민사회가 튼튼해지면서 정치적인 역할도 하고 새로운 비전도 만들어야 한다. 또 정치에 나갔던 사람들이 다시 시민사회로 돌아와야 한다.

윤석인 정치를 하다가 시민사회로 돌아온 사람은 지금까지 거의 없었다. 그것이 문제다.

윤영상 담론도 중요하지만, 이 책에는 실천적인 고민이 담기면 좋겠다. 우리는 윤석열 정부 시기 시민사회 운동, 진보정치 양쪽에서 벌어진 여러 논쟁의 당사자들이지 않나.

예를 들면 시민사회단체연대회의는 왜 12월 3일 내란 사태 이전에는 윤석열 정권 퇴진 슬로건을 거는 것을 주저했나. 극우의 준동으로 내란이 내전으로 비화할 수 있다는 우려도 등장했고, 광장이 중요하다는 공감대가 형성돼 시민정치에 소극적이었던 사람들까지 모두 광장에 모였다. 탄핵이 인용되어 정권 교체가 되더라도 새로운 정치 세력이 등장하는 것이 더 중요하다는 입장도 있었다. 그래서 나는 비상시국회의에서 진보정치 블록을 구성해 민주당과 효과적으로 연합정치를 하자고 제안했다. 그래서 대선 독자 후보 전술을 고안했는데, 조국혁신당이 거부했다. 조국혁신당이 거부한 이유를 비롯한 대선 과정도 논쟁거리다. 사회대개혁과 개헌을 둘러싼 논쟁도 있다.

이런 문제들을 현실적으로 드러내면 재미도 있고 의미도 있는 작업이 될 것이다. 비상계엄 사태 이전의 논쟁부터 내란 극복 과정, 이재명 정부라는 달라진 조건 속에서 추구해야 할 과제를 다루면 좌담회의 얼개가 갖춰질 것 같다. 시민정치의 개념, 시민운동의 역사, 이론적 성찰의 필요성은 그 과정에서 자연스럽게 논의할 수 있을 것이다.

01
2024.12.3 비상계엄 ~ 2025.6.3 대통령 선거

윤석인 좌담회는 12.3 내란 전후부터 지금까지의 상황 전개 과정을 돌아보면서 그때그때 본 주제인 '시민정치와 진보정치' 관련한 논의를 하는 방식으로 진행하면 좋겠다. 12.3 비상계엄 이전, 비상계엄과 국회 탄핵, 그 이후 윤석열 구속을 둘러싼 논란과 법률적 '탈옥', 광화문광장에서의 재결집, 헌법재판소의 탄핵 인용, 대선 캠페인과 이재명 당선 이후 등으로 크게 나누어 각 시기에 있었던 논란과 쟁점들을 살펴보는 방식이 어떤가 한다. 윤영상 위원장이 정리한 열 가지 쟁점도 그 시기에 맞춰 논의하면 좋을 듯하다.

윤영상 시민정치와 진보정치 관련해 참조할 만한 쟁점들 중심으로 정리했다.

윤석인 먼저 윤석열 집권 후부터 비상계엄 이전까지의 시기를 안성용 이사가 개괄해 주면 좋겠다. 그리고 쟁점들이 나오거나 서로 다른 평가가 나오면 자연스럽게 논의를 하는 방식으로 진행하자.

2024년 12월 3일 비상계엄 이전

계엄의 전조: 윤석열 정부의 독재적 행태와 몰락 원인

안성용 미국 정치학자들이 쓴 책《어떻게 민주주의는 무너지는가(How Democracies Die)》는 잠재적 독재자를 감별할 수 있는 네 가지 지표를 제시한다. 첫째, 민주주의 규범에 대한 거부. 둘째, 정치 경쟁자의 존재 부인. 셋째, 폭력의 조장이나 용인. 넷째, 언론 및 정치 경쟁자에 대한 억압이다(Levitsky, S. & Ziblatt, D., 2018). 윤석열에게는 이 네 가지가 모두 적용된다. 2016년 트럼프에게 모두 적용되었던 것처럼. 윤석열이 집권 이후 언론, 야권, 시민사회 그리고 관료나 재벌 등을 대하는 태도로 인해 집권 초기부터 '윤석열은 진짜 위험하다'는 인식이 지배 세력 내에서조차 있었다. 특히 김건희와 그 집안의 온갖 악행들이 이미 다 알려지고 있었다. 부부가 막무가내로 행동하며 모순은 계속해서 쌓였다. 큰 사건들도 많이 터졌다. 2024년 총선 이후 여름쯤에는 두 가지 길밖에 없다고 나는 보았다.

12.3 계엄을 둘러싼 열 가지 주요 쟁점

번호	쟁점	내용
1	반(反)내란 투쟁	연대 범위 논란
2	내란 종식과 개헌	선후·병행 논란
3	연립정부	후보 없는 선거 연합과 정책 연합 무소속 시민정치 후보 출마 논란 시민정치와 정당정치 경계 논란
4	진보·혁신 후보 단일화	원샷·투샷 단일화 논란
5	탄핵 소추 이후 광장 동력 유지	젊은 층 집회 참여 방안 광장 발언 배치 논란
6	비상행동과 대선 연합	대선 참여 방식 논란
7	시민정치행동과 광장연대	상층 협상 기구와 유권자 운동 논란
8	5.9 공동선언 도출 과정	진보당 후보 사퇴 논란 서명 논란
9	5.9 공동선언 이행 과정	연석회의 논란
10	사회대개혁위원회	위원회의 성격과 설치 방식 논란

하나는 이재명과 대타협을 하는 방식이고, 다른 하나는 국면을 돌파할 가능성이 없으니 쿠데타를 하는 방식이다. 윤석열 파면 후 나온 기사에 따르면 우원식 의장은 2024년 여름에 이미 쿠데타 이야기를 듣고 국회 사무총장과 함께 준비하고 대응하고 있었다. 전현직 국회의원들도 전현직 장성들에게 이야기를 들었다고 한다. 김용현이 국방부 장관이 되는 시점에서는 많이 알고 있었던 것이다. 김민석이 이를 받아 최고위에서 공개적으로 발언했고, 그 후 이재명 대표를 비롯한 중진 의원들은 2024년 8월 이후 이런 시나리오에 대한 준비를 한 것으로 알려졌다.

윤석열 정부의 흐름을 보면 12.3 직전에 코너에 몰리는 상황이 나왔다. 여러 상황 중 가장 결정적이었던 것은 명태균 건이라고 생각한다. 그가 창원지방검찰청에서 계속 부부의 이름을 거론하고 그 내용이 대검찰청과 용산에 보고되는 것에 대한 스트레스가 컸던 것 같다.

2024년 11월 시점에서는 윤석열 퇴진 운동본부 구성에 대한 '한국진보연대'(약칭 진보연대)와 '전국비상시국회의'(약칭 시국회의)의 견해차가 있었고, '시민사회단체연대회의'(약칭 연대회의)는 이 문제와 거리를 두고 있었다. '촛불승리전환행동'(약칭 촛불행동)은 윤석열 집권 다음 주부터 바로 퇴진 운동을 시작했는데, 크게 두 그룹으로 나뉘었다. 하나는 2019년 조국 사태 때 서초동에 결집했던 그룹이고, 다른 하나는 국민주권당을 만든 그룹이다. 그런데 조국 사태 이후 특히 청년층과 여성층에서는 민주당의 '내로남불'을 문제 삼았다. 안희정, 오거돈 사건과 특히 박원순 시장 사건의 처리 과정을 보고 민주당에 대단히 실망했다. 또 선배 세대들이 수십 년 동안 민주당에 대해 비판적 지지를 해 왔기 때문에 그것과 거리를 두려는 의식적인 흐름도 컸다. 이것이 촛불행동이 커지지 못한 매우 중요한 이유 중 하나다. 촛불행동 자체가 개인들이 모이는 단체였기 때문에 조직적 확장에 한계가 있었다. 또 집회 때의 발언이나 구호의 수준도 친민주당을 벗어나지 못했고, 사회대개혁 같은 내용은 거의 담지 못했다. 그래서 전통적인 운동권(시국회의, 진보연대, 연대회의 등)은 촛불행동에 힘을 실어 주지 못했다. 그런 상태가 2024년 11월까지 이어졌다.

한편 같은 시기에 전통적인 운동권 세 그룹은 '거부권 거부 투쟁'으로 힘을 모아 가고 있었다. 그러다가 12.3 사태 후 밤샘 논의를 통해 12월 7일 '내란죄 윤석열 퇴진! 범국민 촛불대행진'을 개최하고, 11일 '윤석열즉각퇴진·사회대개혁 비상행동'(약칭 비상행동)을 만들어 낸다. 당시 윤석열 퇴진 슬로건을 두고 연대회의에서 논란이 벌어졌던 일에 대해선 김경민 총장이 잘 아실 것이다.

김경민 12.3 이전의 윤석열 퇴진 운동에는 '한국YMCA전국연맹'(이하 YMCA) 외에는 시민단체의 이름이 없었다. 연대회의는 '거부권 거부'에 이름을 걸었다. 결국 시민정치 운동을 어떻게 해석하느냐의 문제인데, 시민정치 운동은 크게 세 가지가 있었다. 첫째는 공명선거 운동, 둘째는 법·제도 개혁 운동(선거법 개정 등), 셋째는 낙천·낙선 운동이다.

2020년 총선 때 '정치개혁연합'(약칭 정개련)이 만들어지는데, 정개련을 비판하는 성명서를 처음 낸 곳이 참여연대였다. 시민사회는 현실 정치에 개입은 하되 플레이어가 되어서는 안 된다고 생각한다. 이는 개인적인 주장이다. 다만 시민사회가 실무적인 부분까지 개입해야 한다. 정당끼리 모여서는 새로운 정치의 공적 지평을 만들지 못한다는 것을 지난 수십 년간 확인했다. 따라서 공적 목표를 가진 시민사회가 개입하여 한국 사회를 위해 정파적 이해관계 없이 제도 개혁과 세력 형성에 힘써야 한다. 하지만 정개련은 실패했고, 더불어시민당에 당했다. 나중에 보니 심상정 의원은 당시 정개련과 협상을 한 번도 안 했는데, 민주당과는 엄청난 협상을 했더라. 그런데 당시 정개련이 민주당에 이야기했던 것도 정의당이 13석을 얻는 것이었다. 그러나 정의당이 빠져 버리니 정개련이 성립하지 않았고, 그 결과 가장 큰 피해를 본 것은 녹색당이었다. 녹색당은 내부에서 격렬한 토론을 거친 끝에 3분의 2 통과로 정개련에 참여했다. 그러나 정개련이 성립할 것 같으니 그다음 날 윤호중 의원이 기자회견에서 '녹색당은 (비례대표) 5번이 성소수자라서 안 된다, 또 진보당은 이념을 달리한다'고 발표하며 정개련을 깨 버렸다. 그렇게 정개련이 무너지고 더불어시민당이라는 위성정당으로 갔는데, 이곳 출신으로 살아남은 대표적인 정치인이 용혜인과 조정훈이다. 내가 보기에는 시민정치 운동은 연합정치 활동으로 낙천·낙선 운동 이후 디자인을 달리한 것이었다. 디자인이 가능했던 이유는 '준연동형 비례대표제'였다. 준연동형 비례대표제이기에 통합 비례정당 성립이 가능하고, 이를 이용해 무언가를 만들어 보자는 것이었다. 그러나 실패했다.

2024년에는 시국회의를 중심으로 진보정치 연합을 만들어서 민주당과 협상하려 했는데 정의당과 녹색당이 먼저 '녹색정의당'으로 합쳤다. 천영세, 권영길, 조성우, 함세웅, 이부영 등 원로들은 모두 진보당에게 녹색정의당과 합치라고 했다. 그러나 복잡한 이해관계 때문에 합치는 것이 어렵더라. 더 심각한 것은 정의당과 진보당은 합치지 못한다는 것이다. 오랫동안 상처가 너무 깊었다. 안 되겠다 싶어서 연대회의, 진보연대와 같이 '반윤석열 민주개혁진보연합'으로 가자고 했다. 이것이 소위 연합정치 2기다. 정개련은 1기라고 본다.

그렇게 한 이유는 한 정파가 밀고 나갔을 때 중간에 시민사회가 빠지면서 위성정당 비판 성명 하나만 내놓아도 민주당이 '분할통치(divide and rule)' 카드를 가지고 날려버릴 수 있기 때문이었다. 시민사회와의 합의 없이 연합정치를 하다가는 중간에 반드시 '분할통치'에 걸린다는 것을 정개련 때 깨달았다. 그런데 2기 때는 시민사회 삼자가 합쳤으니 민주당이 그 카드를 쓰기 어려웠다. 또 중요한 점 중 하나는 22대 총선에서 지역구 단일화를 통해 5% 이내 격차로 승리한 곳이 스물한 군데라는 것이다. 국민의힘이 108석이 된 것은 수도권 지역구 단일화의 영향이 매우 컸다고 생각한다. 통합 비례정당은 박홍근이 대표로 와서 추진했는데 매우 소극적이었다. 이 틈을 조국혁신당이 메운 것이 그나마 다행이었다.

중요한 것은 2024년 총선에서 집권당이 지면 그다음에는 대통령이 임기를 못 채울 가능성이 커진다는 사실이다. 박근혜도 과반수를 잃으면서 탄핵되지 않았나. 이후 퇴진운동이 쭉 있었는데, 핵심 동력은 '전국민주노동조합총연맹'(약칭 민주노총)이었다고 생각한다. 윤석열 집권 중 민주노총 탄압이 워낙 강했기 때문이다. 촛불행동도 중요한 동력이었다. 총선 전부터 촛불 공간을 통합하려는 노력을 많이 했지만, 연대는 잘 안 되었다. 민주노총도 반대했고. 공론장을 오프라인으로 공유하는 과제가 중요했지만 잘 안 되었다. 그래서 진보연대는 민주노총을 중심으로 기동전을 계속했고, 촛불행동은 공론장을 유지해 갔다. 연대회의는 거기서는 별로 행동한 것이 없다. 그보다는 현안으로 계속 싸울 수밖에 없었다. 예산 삭감, 세무조사 등을 우려했기 때문이다.

윤석열은 계엄을 왜 했을까? 첫째, 국민의힘이 총선에서 패배하면서 계엄은 필연적이었다. 윤석열 정부의 약점이 많았다. 명태균 건도 있었다. 둘째, 교사 단체 및 각 대학 교수들과 총학생회의 성명이 이어지는 시점에 주목해야 한다. 촛불을 구성할 때 총학생회 같은 대중적인 학생 조직들을 충분히 견인했으면 하는 아쉬움은 남는다. 세 번째는 뇌피셜인데, 트럼프가 2024년 11월에 당선되고 2025년 1월에 취임한다. 트럼프가 북한과의 관계를 풀어 나가려는 발언들을 계속 해 왔고, 트럼프가 취임하고 나면 윤석열은 병력을 동원할 수 없을 것으로 판단했을 것이다. 그렇다면 12월밖에 시간이 없었다. 2024년 8월경부터는 계엄이 일어날 수 있다고 생각했다. 무인기 사건 때 북한이 대응하지 않은 것이, 이렇게 말하면 좀 그렇지만 정말 고마웠다. 아마 바이든 계열의 민주당이 당선되었으면 훨씬 깊은 논의가 있었을 것이다.

윤석인 북풍을 유도하는 일은 전에도 있었다. 안기부가 천도교 교령을 북한으로 위장 월북시켜 북풍을 유도하려 했던 일이 김대중 대통령 당선을 앞두고 벌어졌다.

미 대선과 민주당 변수에 관련해서 언급할 것이 있다. 나는 트럼프 당선이 거의 확실하다고 생각하고 있었는데, 미국 민주당 쪽인 《뉴욕타임스(The New York Times)》가 미 대선 전날 여론조사 결과를 발표하면서 아이오와 등 여러 경합 주에서 민주당 후보가 앞선다고 보도했다. 거짓말이라고 생각했다. 그 거짓 뉴스가 《뉴욕타임스》를 통해 보도되는 것을 보고 미국 언론도 진짜 이상하게 망해 간다고 생각했다. 《뉴욕타임스》가 대대적으로 보도하며 판세가 뒤집힌 것처럼 호도했지만, 결국 안 됐다. 트럼프가 처음 당선할 때는 민주당 힐러리 후보와 붙었는데, 그때도 힐러리가 당선했으면 인수위를 운영하는 시기, 즉 누구도 책임지지 않는 시기에 미국이 북한을 폭격했을 것이라는 견해가 상당했다.

2020년과 2024년의 진보정당

윤석인 2020년과 2024년의 연합정치 관련 이야기를 했으니, 이야기를 돌려 2020년과 2024년에 소수 진보정당들은 입장이 어땠는지 들어 보자.

윤영상 2020년 위성정당 논란도 연합정치에서 중요하고 2022년 대선에서 이재명과 심상정의 후보 단일화가 안 된 과정도 중요하다. 2024년 총선이 다시 위성정당 논란 속에서 치러지고 조국혁신당 돌풍이 있었던 것을 어떻게 해석할 것인지도 중요한데, 이는 이후 연합정치나 시민정치를 다룰 때 중요하기 때문이다.

정유현 김경민 사무총장이 너무 잘 이야기했다. 저는 그 바깥에서 가까이 지켜봤던 녹색당의 2020년 위성정당 논란과 관련한 경험을 이야기할 수 있겠다. 2024년에 정의당과 연합정당을 만들면서 내부적으로는 위성정당에 대한 비판 의식과 동시에 민주당에 기대지 않고 가는 방법에 대한 고민이 존재했다. 어려운 문제다. 녹색당원과 정의당원 모두 민주당의 도움 없이는 국회에 진출하기 어렵다는 현실적인 생각을 하고 있으면서도, 동시에 독자적인 진보정당으로서 어떻게 이를 돌파할 수 있을지를 여전히 숙제로 삼고 있다. 위성정당에 대한 비판 의식은 늘 존재한다. 특히 녹색당은 2020년에 당내 갈등을 많이 겪으면서 '위성정당에는 다시는 함께할 수 없다'는 입장을 취했다.

윤석인 민주당이 진보정당들과의 선거 연합은 여러 차례 모색했다고 생각한다. 2020년이 처음은 아니다. 이전에는 민주당이 지역구 몇 군데를 양보해 공천하지 않으면 진보정당이 지역구에 출마하는 식이었다. 독일식 정당명부 비례대표제 도입은 잘 안 되었지만, 1인 2표제가 도입되면서 선거 연합도 중요해졌다. 통합진보당 이후로는 지역구를 나누는 일은 줄어들고 비례대표에 집중했던 것 같다. 민주당과 정의당이 처음 틀어진 시기는 2020년이라고 생각한다. 당연히 정의당이 참여하는 것을 전제로 정개련을 설계했다고 들었는데, 그게 잘 안 되었다.

김경민 2020년 당시 마지막 날까지 심상정 의원과 이정미 전 대표와 계속 이야기했다. 그런데 정의당이 시민사회를 신뢰하지 않았다. 실은 시민사회와 제대로 대화한 적이 없다고 본다. 정의당은 끝까지 정개련을 위성정당이라고 규정했다. 그러나 진짜 위성정당은 더불어시민당이었다. 정의당이 연합정치의 '파워 폴리틱스(power politics)'를 이해하지 못했다고 생각한다.

안성용 2020년 총선, 2022년 대선, 2024년 총선에 대해 짧게 말하겠다. 한국 사회는 정치 주체가 사실상 매년 바뀐다. 당도 사람도 바뀐다. 진보정당도 그렇다. 2024년 조국혁신당의 등장을 제대로 설명하려면, 2008년에 민주노동당이 분당하는 것부터 시작해야 한다. 그때 남은 그룹들이 진보신당으로 있다가 일부가 나중에 정의당으로 가고, 나머지는 노동당으로 남았다. 녹색당은 2010년대부터 계속 있었지만, 성격이 조금씩 변화해 왔다. 선거 시기마다 소수 진보정당들은 같이 움직이기도 하고 독립적으로 움직이기도 했다.

윤영상 과거 나는 민주노동당의 당직자로 활동했다. 진보신당이 깨지면서 통합진보당을 만들 때 노회찬, 심상정, 조승수와 같이 탈당했지만, 통합진보당으로 가지 않고 녹색당 창당 준비위원이 되었다. 녹색당에 있으면서 노회찬 의원과 계속 소통했다. 2018년에 노회찬 의원이 돌아가신 후에는 정의당에 들어가 2020년 위성정당 논란의 한가운데에 있었다. 그 논쟁의 모든 것을 알기에 함부로 말을 못 하겠다. 2022년 대선 때는 이재명 캠프에 들어가 심상정과의 후보 단일화 안을 만들었다. 작년에는 조국혁신당 창당에 적극 참여하면서 시국회의 등이 주도하던 연합정치, 위성정당 창당 흐름과는 다른 길을 모색했다. 연합정치와 민주당, 시민사회, 진보정치가 맞물리는 지점을 집중적으로 보아야 한다.

계엄 직전의 시민정치와 진보정치

윤석인 더 자세한 이야기는 진보정치를 중점적으로 다룰 때로 미루고 계엄 전 이야기로 되돌아가는 것이 좋겠다.

김경민 계엄 전에 있었던 중요한 사건 중 하나는 2024년 11월 이재명 대표가 1심에서 실형을 선고받은 일이다. 징역 1년에 집행유예 2년. 그러고 나서 윤석열 퇴진 집회가 아닌 '거부권 거부' 집회가 중심이 되었다.

윤석인 11월 9일에는 하루 동안 집회가 네 개나 열렸다. 민주당 집회도 열리고 거부권 거부 집회도 열렸다.

김경민 그즈음 민주당이 당원들을 세 번 동원했다. 처음에는 다들 당원 옷을 입고 나왔는데, 강한 문제 제기가 있어 다음부터는 그냥 시민으로 합류했다. 당시에 명태균 사건 등으로 인해 윤석열 지지율이 18% 밑으로 떨어졌다. 박근혜 지지율이 18%일 때 촛불이 모여 탄핵으로 갈 수 있었는데, 윤석열 지지율이 18% 이하로 떨어지고 민주당이 당원을 동원해도 현장에서 느낀 집회 참여 인원은 최대 3만 명 규모 정도였다.

윤석인 12.3 계엄 전에는 시민들이 좀처럼 나오지 않았다. 촛불행동은 윤석열 퇴진 운동을 하고 있었고, 연대회의는 '거부권 거부'를 이야기하고 있었다. 최소 강령 원칙에 따라 11월 9일 이후 16일, 23일, 30일 매주 토요일 집회를 할 때는 강령이 더 작아졌다. 명태균 효과도 있었는지 모르겠지만, 어쨌든 조금씩 모이는 숫자가 늘어나는 정도였던 것으로 보인다.

김경민 2024년 집회의 성격이 2016~2017년 촛불과 근본적으로 다른 점이 이 부분이다. 또 12.3 계엄을 막는 데 민주당과 국회의원들이 큰 역할을 했다. 이것이 촛불 혁명과는 다른 미묘한 성격이다.

윤영상 쿠데타 이전에 시민사회가 윤석열 퇴진을 전면에 내걸지 않았던 이유 중 하나가 민주당에 대한 불신이라고 생각한다. 특히 이재명 대표의 사법 리스크가 가시화될 수 있는 불확실한 상황이었고, 윤석열의 검찰 독재에 대한 대안으로 민주당을 전면적으로 옹호할 수도 없는 상황이었다. 진보연대나 시국회의 등은 시민사회가 너무 눈치 본다고 판단했다. 이재명의 사법 리스크와 윤석열 검찰 독재를 동일한 비중으로 생각하면 안 된다는 입장이었다.

시민사회 입장에서는 과거 공명선거나 매니페스토 운동 등을 해 왔던 중립성 때문에 대다수가 반대하는 행동을 하지 않는 한 윤석열 퇴진을 전면에 내걸 수 없다는 정서가 있었다. 내란 쿠데타는 바로 그 지점을 건드렸기 때문에 시민사회가 퇴진 투쟁으로 넘어온 것이다.

김경민 계엄 이후에는 시민사회에 퇴진 운동에 참여하지 않는다는 선택지가 없어졌다. 모두 무조건 참여했다. 12.3 계엄 선언하고 다음날 아침에 사실상 '비상행동'이 만들어졌다고 보면 된다. 아침 10시에 기자회견을 했다.

윤석인 이재명 1심 선고 때부터 쿠데타 직전까지 시민사회의 분위기는 어땠나.

김경민 조국 사태 때 서초동 집회에 시민사회가 결합해야 한다고 생각했다. 결합하지 않으면 정파적 집회가 되어 조국이 죽는다고 보았기 때문이다. 그때 결합을 못 하게 된 가장 결정적인 이유는 당시 참여연대 집행위원장이었던 김경율의 판단 때문이었다. '경제정의실천시민연합'(약칭 경실련)은 애초에 결합할 생각이 없었다. 참여연대는 그때 김경율의 판단에 근거한 포지션을 잡고 있어서 이태호 위원장도 결합에 반대했다.

윤영상 2019년 서초동 촛불 집회 때 정의당은 참여하지 않았다. 정의당이 참여하지 않은 이유와 참여연대가 참여하지 않은 이유가 비슷하다. 정의당은 정치 조직이고 참여연대는 시민운동 단체다. 참여연대도 이재명 대표 1심 선고가 나오고 나서 많은 고민을 했을 텐데, 딜레마 속에서 윤석열이 명백한 문제를 만들 때까지 기다려 보자는 입장이었다. 윤석열이 마침 계엄을 통해 '꼭지'를 따 주면서 이런 상황이 만들어졌다.

안성용 제가 알기로는 2016년에도 똑같다. 세월호 서명을 받을 때는 모두 같이했다. 서명 행동이 커졌을 때 4.16연대 집행위원장이었던 이태호 위원장이 진보연대 박석운 대표와 공동 집회를 열었다. 그때는 종교계 세력이 컸다. 그런데 집회 주관자들이 박근혜 퇴진을 내걸지 못했다. 연대회의는 정권 퇴진 투쟁을 하지 않는 것이 기본 원칙이었기 때문이다. 진보 종교계에서는 당연히 내걸어야 한다고 했지만, 끝까지 내걸지 않다가 태블릿 PC 사건이 터지고 집회가 커지자 어쩔 수 없이 내걸게 되었다. 그때도 이번도 똑같다. 그것이 시민사회의 본질이다.

조국 사태 때의 대응은 성격이 다른 문제다. 당시 서초동 집회는 친민주당인 사람들이 단체를 만들어 주도했다. 따라서 문재인 정부나 민주당과 거리를 두고 있던 정의당, 노동당, 녹색당은 당연히 서초동 집회에 가지 않았다. 진보당과 진보당에 가까운 단체들만 주로 갔다. 개별적으로 간 사람이 있을지 모르지만, 연대회의 쪽에서는 공식적으로는 가지 않았다. 진보 종교계도 대다수는 가지 않았다. 특히 청년 세대는 가지 않았다.

김경민 조국 사태 때 성명서를 낸 시민단체는 YMCA밖에 없다.

안성용 문제는 2019년에 서초동 집회를 주도했던 사람들이 2020년 총선을 앞두고 민주당과 손잡고 정치적 역할을 하게 된 것이다. 진보정당 쪽에서 볼 때는 매우 혼란스러운 상황이었다.

이태호 2022년의 20대 대선이 부정선거는 아니었기 때문에 대다수 시민단체는 퇴진보다는 감시와 비판의 입장을 취했다. 전통적인 입장이다. 그러나 윤석열이 워낙 상식 밖의 정책을 계속 취하고 노조, 시민사회, 페미니즘 운동 전체를 적대시했기 때문에 조금 더 적극적으로 개입하고자 했다. 그것이 일부 시민단체의 2024년 '연합정치시민회의' 참여로 이어졌다. 당시 시민단체들은 총선에서 윤석열 심판도 해야 하지만 정치 구조를 바꿔야 한다고 생각했다. 그래서 연동형 비례대표제를 지키고, 이를 연합정치로 연결해 22대 총선에서 승리하고자 했다. 이 과정에서 논란이 있었으나 크진 않았다. 선거법을 지켜야 한다는 요구가 분명했기 때문에 원칙적으로 연합해야 한다는 입장이었다. 정책을 위한 연합이라는 뜻이다. 결과적으로 선거법은 지켜졌지만, 이후 국민의힘이 위성정당 창당을 공언하고 민주당이 위성정당을 창당하지 않을 수 없다고 선언하면서 시민사회가 계속 '연합정치'라는 이름으로 개입할 것인가가 논란이 되었다.

시민단체 내부에서는 이 과정 전체에 대한 비판이 이어졌다. 선거 승리라는 당면 목표를 위한 전술을 추구하다가 정치 개혁이라는 전략적 방향을 잃었다는 비판이었다. 그러나 정치 개혁 전략은 현실에 기반해야 한다. 장기적으로는 민주당 왼쪽, 민주당 바깥의 정치 세력들이 세력화되는 방향으로 연합정치를 구현하는 데 복무했다고 볼 수 있다. 물론 평가가 엇갈리는 건 사실이다. 어쨌든 선거법 개혁 논의가 실종되었고, 선거법을 어떻게 바꿔야 할지에 대한 합의가 무너진 것 아닌가? 위성정당이 반복 출현함으로써 연동형 비례대표제에 대한 신뢰가 사라졌고, 중선거구제나 대선거구제 같은 대안은 우리나라 정치 지형과 민심에 어울리지 않는다. 이것이 계엄 이후에도 정치 개혁과 관련해서는 '비례성 강화'라는 원칙 외의 구체적인 방안이나 의제를 제기하지 못하는 배경이다. 시민사회 모두의 책임은 아닐지라도, 정치 개혁으로 나아가는 길에 큰 장애물이 조성된 것은 분명하다. 대부분 민주당 탓이긴 하다. 그래서 탄핵 광장에서도 정치 연합을 둘러싼 논란이 컸다.

2024년 12월 3일 비상계엄 이후

과거와 달라진 광장 집회

윤석인 2024년 12월 3일 밤 윤석열이 비상계엄을 선포했다. 그러나 여의도 국회 주변에 시민들이 많이 집결하고 국회의장과 민주당이 국회 본회의를 소집해 곧바로 계엄을 해제해 상황을 끝내 버렸다. 그 후 12월 14일 윤석열 탄핵 소추안이 국회에서 가결되기까지, 시민사회 진영의 조직 역량이 모여 윤석열 퇴진 또는 거부권 거부 집회를 할 때와는 전혀 다른 규모의 폭발적인 시민 참여가 이루어졌다. 자발적인 시민들의 정치 행동인 셈이다. 이와 관련한 이야기를 해 보자.

안성용 전체 통계는 정확히 파악하지 못했지만 12월 3일 여의도로 달려간 사람들 가운데는 SNS를 통해 '가자'고 의견을 모은 민주당, 진보당, 정의당, 노동당, 녹색당 등 정당원들이 있다. 또 시민단체 회원, 목사, 협동조합을 하는 사람들도 달려갔다. 물론 평범한 일반 시민들도 달려갔다. 달려간 이들은 대부분 공동체를 생각하던 사람들이다. 1980년 5월을 떠올렸다고 한 사람들도 많았다. 민주당 당원들도 제법 있었는데, 이재명 대표가 SNS를 통해 '국회로 와 주세요'라고 호소해 여의도 가까이 있던 사람들이 많이 간 것도 사실이다.

12월 7일 윤석열 탄핵 촉구 집회는 박근혜 퇴진 때 집회를 기획하고 무대를 세우고 업체와 연결해 진행했던 노하우를 가진 진보연대 실무진 덕분에 가능했다. 매년 민중 총궐기 투쟁도 하고 노동절 행사도 해서 대형 집회 노하우를 가진 그룹이 있는데, 그들이 12월 7일 집회를 바로 준비할 수 있었다. 서울시 생활인구 데이터를 활용한 《경향신문》 보도를 보면 7일 집회에는 28만 명이 나왔다고 추산한다.[1)] 7일 집회에는 민주당 당원들이 많이 나왔고, 조국혁신당도 깃발과 함께 당원을 총동원했다. 진보당, 정의당, 노동당, 녹색당도 나왔다. 그러나 두드러진 것은 모두가 평가하듯이 젊은 여성들이 압도적으로 많이 나왔다는 점이다. 젊은 여성들은 세대나 성별로 볼 때 한국 사회에서 가장 진보적인 층이다. 독서, 영화·공연 관람 등 모든 면에서 학습과 경험이 많고 소통을 가장 잘하는 집단이다. 그들이 혼자 또는 삼삼오오 자발적으로 참여해 큰 규모를 이룬 것이 이번 집회의 큰 특징이다. 조직된 사회단체들이 깃발을 들고 즉각적으로 나온 것은 박근혜 때의 학습 효과다.

정리하자면 여의도에는 크게 네 그룹이 있었다. 첫째는 정당원들, 둘째는 20~40대 초반 여성으로 대표되는 개인 또는 소그룹들, 셋째는 자발적 시민 참여자들, 넷째는 시민사회단체들이다. 그렇게 7일 날 여의도에 모였지만 탄핵

---

1) 이수민, 황경상(2024.12.19). 14일 탄핵 집회 정점 때 41만7천명 넘어…20대가 50대 추월. 《경향신문》.
https://www.khan.co.kr/article/202412192110015

소추안은 상정 자체가 안 되었다. 14일 다시 국회가 열리고 시민들이 좀 더 모였다. 언론에 따르면 그날은 42만 명이 모였다.

윤영상 통신 데이터로는 인구 추산에 한계가 있다고 한다. 항공 촬영 사진을 보면 실제로 7일 집회보다 14일 집회의 규모가 1.5배에서 2배 정도 더 컸다.

안성용 문제는 그다음부터다. 광화문광장 집회가 2025년 4월 4일까지 이어지는 동안 한 번도 참여 인원수가 여의도 집회 규모에 근접하지 못했다. 단 한 번도.

윤석인 역시 12월 7일 여의도 집회에서 가장 눈에 띄었던 것은 20~30대 젊은 여성들이 많이 참여했다는 점이다. 당일 나는 여의도역, 국회의사당역은 지하철이 무정차 통과해서 1호선 신길역에서 내려 국회의사당 쪽으로 걸어갔는데, 젊은 여성들이 많아서 깜짝 놀랐다. 또 해 질 무렵 국회가 탄핵 소추안을 상정조차 하지 못하고 끝난 뒤 사람들이 슬슬 헤어지는 것 같았는데, 그때 젊은 여성들은 흩어지지 않고 나는 잘 모르는 노래들을 부르며 춤을 추는 모습이 정말 신선했다. 그때 형형색색의 응원봉이 두드러졌다. 우리 같은 노인들은 다 빠지고 젊은 사람들끼리 뛰니까 그 응원봉이 눈에 확 띄더라. '진짜 완전히 세상이 달라지는구나'라고 생각했다.

정유현 집회 문화가 많이 달라졌다는 생각이 든다. 박근혜 탄핵 때도 이번에도 집회에 참여했는데, 이전에는 투쟁적이고 엄중해야 한다는 인식이 컸다면, 이번에는 집회 문화가 파티처럼 바뀌고 다들 즐기는 분위기였다. 집회 자체가 즐겁지 않으면 20~30대 여성이든 남성이든 참여하지 않는다. 집회가 즐거워야 하고, 너무 정치적이지 않아야 한다는 생각이 강한 것 같다.

김경민 12.3 계엄 직후 밤부터 다음날 새벽까지 시국회의, 진보연대, 연대회의 모두 모였다. 연대회의는 '한국여성단체연합'(약칭 여성연합) 사무실에 모여 대책을 논의했고, 시국회의는 만나지는 않고 전화로 계속 협의했다. 그래서 명동성당 농성 팀을 조직하고 광화문광장으로 집결한다는 결의를 했다. 논의가 끝나고 여의도로 가는데 계엄이 해제되어 버리더라. 현장에 도착하니 '윤석열 구속', '윤석열 체포' 구호가 난리였다. 현장은 그랬다. 그때는 남성도 제법 많았다. 여의도에 몰려온 사람 중에는 홍대에서 술 먹다가 따릉이 타고 온 사람도 많았다. 한 명이 집회에서 발언하는데, 완전히 흥분해서 5분 동안 떠들면서 비문이 하나도 없었다. 끝내주는 연설이었다. 그저 일반인이었는데. 우리는 그때 기념사진만 찍었다.

12월 7일 집회 때는 촛불 열 박스 정도를 준비해 나눠 주려 했다. 이 정도 준비로는 게임이 안 되었다. 국회 앞 광장을 연 것은 민주노총이었다. 사람들이 기다릴 때 음악을 틀었는데 정말 재밌었다. 음향 담당은 민주노총의 이름만 대면 모두가 아는 사람이다. 그 음악을 어떻게 갖고 있었는지 미스테리하다. 음악을 준비해야 했을 것 아닌가. 처음에는 노래가 아니라 비트만 나왔다. 이후 비트가 있는 음악이 나왔는데, 그때 사회를 본 친구가 리듬감이 너무 좋아서 노래에 구호를 붙인 것이다. 〈다시 만난 세계〉는 완전히 핵심이었다. 어쨌든 비트가 있는 음악과 캐럴을 왜 그렇게 많이 갖고 있었는지 궁금하다. 음악은 주로 고급스러운 비트를 가진 케이팝이다. 나중에는 비트가 음악을 덮었다. 그래서 춤추기 좋은 판이 되었고 사회자가 박자를 놓치지 않고 구호를 외치는 광경이 기가 막혔다. 이것이 이번 윤석열 탄핵 집회의 전형적인 문화가 되었다. 케이팝 비트와 케이팝 음악 그리고 함께 가는 구호 말이다. 박근혜 탄핵 집회는 가족과 손잡고 소풍 가는 이미지였다면 이번 탄핵 집회는 응원봉을 들고 클럽 가는 분위기였다. 집회 주도자들이 민중가요를 고집하지 않은 것은 훌륭한 판단이었다.

중국이 케이팝을 막는 이유는 가사가 매우 좋기 때문이다. 케이팝 가사는 자유주의적·개인주의적 요소, 부르주아 민주주의의 내용을 잘 담고 있다. 그래서 중국도 북한도 케이팝을 매우 경계한다. 세계적으로 시위가 있을 때 케이팝을 많이 사용한다. 그런 문화가 한국으로 되돌아왔다고 생각하면 매우 재미있다.

윤영상 '우리가 살아서 여기까지 보는구나' 하는 전율이 있었다. 1980년대부터 광장 문화에 익숙했고 광장이 어떻게 변하는지가 특히 보고 싶었다. 광장의 변화에 정당, 시민사회, 1980년대 민주화 운동 하던 사람들이 얼마나 효과적으로 대응할지 매우 궁금했고, 이에 대한 문제의식도 있었다. 그래서 윤석열 탄핵 집회를 열심히 지켜봤다. 돌아다니면서 촬영도 하고 물어보기도 했다. 20대 남자애들이 없는 것을 보고 아들에게 전화해 "너 20대인데 왜 안 나와?"라고 물었더니 "마음으로 응원하면 됐지 꼭 가야 돼?"라고 답하는 것을 듣고, 탄핵 소추 이후 광장의 동력이 어떻게 될지 일찌감치 걱정되기 시작했다.

2008년 광우병 집회 때도 신세대가 나왔다. '광우병 신세대'라고 불렀다. 노회찬, 심상정, 진중권이 거리의 대통령으로 취급받았다. 진중권이 돌아다니면 난리가 났다. 그런데 그 집회가 한고비를 넘자 새로운 세대들은 기존 운동권과 충돌하기 시작했고, 나중에는 이들 중 일부만 남고 나머지는 다 빠져 버렸다. 그 일련의 과정이 머릿속에 각인되었다. 2016년 촛불 집회 때 그리고 문재인 정부 등장 후 촛불이 어떻게 소화되어 가는지를 보면서 이 사태를 어떻게 맞이해야 할지 고민했다. 윤석열이 파면되는 과정에서 광장의 동력이 어떻게 지속되고 변화하는지를 제대로 살펴야겠다고 많이 생각했다.

한편으로는 짜릿하고 흥분했지만, 다른 한편으로는 냉정했다. 시국회의 기획위원장으로서 정세 분석 글을 써야 했기 때문이다. 그때 '가능하면 중도 우파까지 포함해 최대 연합을 해야 한다'고 주장했다. 최대 연합이 가장 중요한 문제인데 운동권 중심으로 판이 흘러갈 가능성이 커 보여 걱정했다. 재야 원로 몇 사람과 내란 반대 기자회견을 조직하면서 보수 인사들을 합류시키려 했다. 그런데 민주당과 가까운 원로들의 반응은 '굳이 이 시점에 보수와 함께해야 하느냐'는 것이었다. 그래서 결국 우리 쪽 원로 한 분이 이재오, 유승민, 인명진, 윤여준 등 보수 인사들에게 언론에 스스로 나서서 의견을 밝히라고 요구했다. 그때 유승민, 조갑제 등이 언론에 나와 쿠데타에 대해 이야기했다.

2024년 12월 14일 이후 촛불행동은 12월 16일 월요일부터 매일 집회를 하자고 이야기했다. 그러나 과거에 집회를 경험한 사람들은 동력이 급격하게 떨어질 것이라고 봤다. 그래서 자연스럽게 주말 위주로 집회를 하게 됐다. 집회 규모가 줄어들다 보니 집회 발언자들의 패턴이 옛날식으로 돌아갔다. 신세대들의 발언이 줄어들고 단체 대표들과 활동가들의 발언이 중심이 됐다.

윤석인 공식적으로는 2024년 12월 11일 '윤석열즉각퇴진·사회대개혁 비상행동'이 만들어진다. 그리고 12월 14일 윤석열 탄핵 소추안이 국회에서 가결된다. 당시 연대 범위가 쟁점이었다. 그런데 12월 14일 탄핵 소추도 불안불안했던 것 아닌가? 박근혜가 무너지던 때와는 달리 국민의힘 의원 대다수가 똘똘 뭉쳤다. 진보 진영에서는 똘똘 뭉친 그들과 어떻게 연대할지, 연대 여부 등을 놓고 논쟁했다는 이야기인가.

윤영상 그 이야기를 조금만 더 하면, 나는 탄핵 소추가 되고 나서 개헌 논의를 본격화하자고 했다. 대화가 되는 민주당 인사들에게 계속해서 연대의 폭을 넓힐 것을 요구했다.

'2024년판 좌우 합작'이 필요하다고까지 이야기했다. 쿠데타를 극복하는 것뿐만 아니라 개헌을 이끌어 내는 것도 중요하기 때문이다.

문재인 정부 때처럼 중도 보수를 쳐내고 운동권 중심으로 움직이면 윤석열이 파면되더라도 개헌은 불가능하다는 논리로 이야기했는데, 당시 이재명 대표는 공감했다. 공감만 했고 그다음 이야기는 안 했다. 이 대표 측근들은 '마음은 충분히 이해하고 공감하지만, 그 사람들이 움직여서 우리와 손을 잡으려 해야 하는 것 아니냐'고 말했다. 먼저 손을 내밀 수도 있는 것 아니냐고 답하자 민주당은 '우리 대오의 응집력을 키우는 것이 먼저다. 연대를 확장하려면 보수 진영 내에서 내란에 반대하는 세력들의 정치화가 필요하다'고 했다.

윤석인 각자 의견은 다를 수 있겠지만 그런 논쟁이 있었다는 사실을 확인해 둘 필요는 있겠다.

광장 안팎의 청년

윤석인 이어서 핵심 화제였던 청년에 관한 이야기로 넘어가면 좋겠다. 먼저 정유현 님이 20~30대 여성과 달라진 광장 문화에 대해 말씀해 달라.

정유현 20~30대 여성들은 민주주의에 대한 감수성이 뛰어나고, 공정성에 관한 생각도 뛰어나다. 그러나 집회는 다들 많이 언급하는 것처럼 '중심 없는 운동' 형태로 진행되었고, 매우 느슨한 연대체였다. 요즘엔 20~30대 여성뿐 아니라 40대 초반까지도 조직화가 잘 되지 않는다고 이야기한다. 그들은 '왜 우리가 조직되어야 하는가'에 대해 강한 의문을 갖고 있다. 속되게 말하자면 집회든 정당이든 정치 운동이든 그것에 소비자 혹은 관광객처럼 참여한다.

반민주적 존재인 윤석열의 퇴진을 이끌어 내고 일상을 회복하려는 열망이 그들이 여의도에 대규모로 모이게 한 원동력이었다. 목적을 달성한 이후 재결집하는 것에 대해서는 전혀 다른 생각을 가졌던 것 같다. 20~30대 여성은 50~60대 이상과 감수성 자체가 다르다. 그들은 사실 조직을 중요하게 여기지 않는다.

김경민 100% 동의한다. 우리 세대는 민주주의를 항상 '타는 목마름'으로 갈구했다. 우리 세대에는 민주주의가 한 번도 없었다. 영원히 도달하지 못하는 우리의 이상이었다. 그런데 정유현 님이 말했듯, 이번 집회에 나온 청년의 핵심 정체성은 '민주공화국에서 산 사람'이다. 그들은 일상에 개입하는 것을 매우 싫어하고, 민주주의조차 일상을 통해 이야기한다. 완전히 다른 세대다. 감동받았다.

윤영상 '중심 없는 운동', '조직 없는 시위', '소비자, 관광객처럼 시위하고 운동하는 것' 등은 '내 삶이 중요하다'는 것과 연결된다. 그들이 다시 나오게 하려면 운동이 삶을 지키는 데 왜 중요한지가 설명되어야 한다. '서이초등학교 사건' 때도 수많은 이가 거리로 나와 지도부 없이 시위했다. 그래서 매일 집회 시위를 주도하는 사람이 달랐다. 모두 복면을 쓰고 나왔고, 다음번에는 다른 팀에게 주도권을 넘기고 사라졌다. 이 문화와 이번 광장에 나온 20~30대 여성들의 문화가 연결되는 지점이 일부 있다. 조직화된 운동권 문화에 익숙한 사람들은 이를 잘 이해하지 못한다. 2024년 12월 14일 이후에도 20~30대 여성들이 여전히 많았지만, 그들 가운데 자발적인 사람들은 많이 줄었고 조직화된 사람들이 다수였다.

김경민 김누리 교수가 말한 '일상'을 진지하게 들어야 한다. 거시적인 제도의 틀에서는 20~30대 여성이 느끼는 차별과 억압에 대해 제법 설명이 이루어지고 있지만, 일상 공간에서 그들이 실제로 체감하는 차별과 억압은 엄청나다. 열심히 공부해 회사에 들어가도 커피 타는 일을 하는 경우가 아직도 많다. '강남역 사건'도 떼 놓을 수 없다. 그들은 일상 해석의 기조가 '공포'다.

정유현 페미니즘 이슈가 어쩔 수 없이 큰 동력이다. 여성들은 일상에서 아버지라는 가부장과 그가 진보적이든 보수적이든 늘 투쟁하거나 화합하려고 애써 왔다. 그 지점이 고스란히 윤석열과 연결되는 것 같다는 생각도 든다.

김경민 68혁명의 슬로건이 '모든 억압으로부터의 자유'였다. 사소한 일상을 넘어서려고 했다. 68혁명을 대표하는 철학자가 푸코(Paul-Michel Foucault)다. 그들에게는 미시 권력에 대한 섬세하고 광범위한 대중투쟁이 있었는데 우리에게는 없었다. 20~30대가 일상 속 억압에 민감하게 반응하고 있다는 것은 분명하다. 미시적인 부분을 섬세하게 들여다보지 않으면 젊은 세대가 새로운 정치적 가능성을 통해 일상의 문제를 해결하려는 민감한 요구를 포착하지 못한다. 우리가 가진 정치적, 사회학적 용어로는 설명할 수 없다. 이번 광장에는 세대를 이어 주는 효과도 있었다고 본다. 어떤 친구는 '우리 부모님 세대가 꼰대 세대라고 생각했는데, 이제 조금은 이해할 수 있을 것 같다'고 발언했다. 감동적이었다.

윤영상 가부장적인 문화나 젠더 불평등에 여성 대다수가 큰 문제의식을 가지고 있지만, 급진적으로 행동하는 여성의 모습을 불편해하는 여성들도 꽤 많다. 강경한 목소리를 내는 페미니스트의 모습은 많이 부각되지만, 그 목소리에 일부 공감하면서도 어느 지점에서 주춤하며 물러서는 여성들은 잘 드러나지 않는다. 이 간극과 균열을 남성들이나 다른 사회 집단이 잘 보지 못한다. 이번 광장의 자유 발언에서도 비슷한 모습이 나타났다. 같은 여성의 발언인데도 페미니스트의 강성 발언에 신경질적인 반응을 보이는 경우가 있었다. 그럼에도 이번 집회는 우리 사회가 이런 현상들을 드러내고 조금씩 소화해 내기 시작했다는 것을 보여 줬다. 우리 사회가 이것을 제대로 소화해 낸다면 20대 남성들을 단순히 '이대남'으로 통칭하는 데 그치지 않고, 그 안에 있는 균열들을 충분히 드러낼 수 있을 것이다.

안성용 이야기에 크게 두 가지 문제가 섞여 있다. 하나는 세대 문제다. 40대 초반 또는 30대 후반까지는 남녀 모두 민주주의 틀 안에서 성장했고, 초·중·고 과정을 거치면서 여성이 남성보다 많은 면에서 우월하다는 것을 경험했다. 사회제도도 성차별을 줄이는 방향으로 계속 진화해 왔기에 여성의 사회 진출이 훨씬 많아졌다. 그러나 자본주의와 계급 문제는 우리가 다루고 있지 않다. 한국은 IMF 이후 계급 재생산이 본격화된 사회다. 대기업, 공기업, 공무원, 의사나 변호사 등을 둘러싼 계층 이동 문제도 중요하다. 세대 문제는 계급·성 문제와 연결돼 있다. 청년 세대는 지역 문제에서는 비교적 자유롭다. 하지만 정치의 바탕에는 여전히 지역 문제가 남아 있다.

다른 하나는 의제를 주도하는 사람이 누구인지에 대한 문제다. 성평등 문제뿐만 아니라 소수자, 장애인, 비정규직·플랫폼 노동자, 기후 등 다양한 의제가 존재한다. 지난 15년 동안 여성이 사회에 많이 진출하며 입지를 다졌지만, 강남역 살인 사건으로 표현됐듯이 그들의 사회 문화는 여전히 불안정하다. 텔레비전에서 미스코리아 선발 대회를 송출하는 일은 없어졌지만, 성폭력이나 N번방 사건 등 여성의 성 상품화는 계속 진행되고 있다. 이를 소비하는 층은 물론 40대 이상 남성도 있지만 주로 20~30대 남성들이다. 이런 문제가 일상에서 계속 부딪힌다. 불안함과 불안정성이 집단 차원에서 존재한다. 그러나 계급적으로 보면 이 문제의 중요도는 중산층 여성들에게는 매우 높지만, 중하층 노동자 계층에게는 비교적 낮다. 사회 진출 자체가 어렵고, 임금 격차가 더 크며, 직장 내 민주주의에서도 훨씬 강한 압박을 받는다. 여성이 커피 타는 일을 하는 식으로 말이다.

비정규직 여성 노동자들은 모든 면에서 훨씬 차별을 심하게 겪고 있다.

광장에서는 2024년 12월 14일부터 2025년 1월까지 마이크를 잡은 개인 중 일부가 이런 이야기를 했다. 2025년 1월부터 4월 4일까지는 진보당에서 마이크를 많이 잡았다. 정의당, 노동당, 녹색당 등 원외 3당은 3월 10일까지 배제되어 마이크를 잡지 못했고, 3월 10일 이후에야 마이크가 돌아갔다. 한편 응원봉 때문에 20~30대 여성들에게는 마이크를 자주 줄 수밖에 없었다. 광장에서 20~30대 여성이 과대 대표되었다고 본다. 비정규직, 생태주의자, 성소수자, 장애인은 소수만이 발언했다.

크게 보면 계급 문제, 성차별 문제, 사회 불안정성 문제가 있는데 이것을 구분하지 않고 이야기하고 있다. 또 한국의 정당은 주도 세력이 계속 변해 왔다. 이 부분도 중요하다. 2024년 12월 14일에 이준석, 한동훈, 안철수, 국민의힘 의원 열여덟 명이 탄핵에 찬성했다. 소수파다. 이는 2024년 총선의 결과고, 또 총선 결과 조국혁신당과 진보당은 약진했지만 원외 3당은 몰락했다. 거꾸로 원외 3당이 2012년부터 이어 온 역사에 대한 재평가도 필요하다. 특히 문재인 정부 때 정의당이 페미니즘 논란으로 약화된 면도 있다. 이것까지 종합적으로 이야기해야 할 것이다.

간단히 말하면, 정유현 님 말씀대로 20~30대 여성들은 상황마다 다른 리더십을 따라 움직이는 것은 맞다. 그러나 이들의 의견을 각 정당이 제도적으로 반영하는 것은 매우 늦다. 거대 양당 체제이기 때문에 특히 그렇다. 지금 민주당은 집권했는데도 차별금지법을 입법하지 않으려 한다. 차별금지법이 의제화하는 데는 진보정당과 시민사회단체의 역할이 매우 컸다. 그러나 이 의제를 대표하거나 행동으로 옮기는 사람들은 중산층 20~30대 여성들이다. 하층은 이에 관심을 가질 시간도, 자신을 대변하는 사람이나 단체도 없다.

윤영상 젊은 남성의 경우도 대변하는 사람이 없다는 측면에서는 비슷한 점이 있다. 군 가산점을 둘러싼 많은 토론이 있었지만, 젊은 남성들은 '군 가산점을 왜 안 주냐'고 다시 묻는다. 과거에 이 문제를 토론했던 나이 든 운동가들은 성별을 불문하고 이미 정리된 문제를 왜 되돌리려 하느냐며 젊은 남성의 의견을 묵살한다. 그들이 '군대를 다녀와서 취직하려는데 동기 여자애들은 사회에서 이미 자리를 잡았다. 왜 우리만 뼈 빠지게 고생해야 하는가?' 물으면 기성세대는 한국이 분단 체제이기 때문, 원래 이런 사회이기 때문이라고 답한다. 가부장적 질서에서 여성이 받는 일상적 억압에 비하면 사소한 것이라고 말한다.

젊은 남성들은 사회 진출은 늦어지는데 미래에 가장으로서 져야 할 책무가 있다는 것을 힘들어한다. 세상이 힘듦을 알아주지 않는다고, 자기 목소리를 낼 만한 공간이 없다고 느낀다. 그러니 게임 속 공간으로 갈 수밖에 없다고 말한다. 여성들은 강남역 살인 사건에 분노해 광장에 모이지만 남성들은 분노해서 모일 수 있는 고리가 없다. 몇 없는 고리 중 하나가 군 가산점 문제인데, 그것을 이야기하면 보수 쪽 늙은이들은 박수쳐 주지만, 반대편에서는 '재네들 왜 저래?' 하면서 찍어 누른다.

20대 남성들이 공론장을 스스로 만들지 못하는 한계, 사회가 공론장을 만들어 주지 않으면서 그들을 욕하고 낙인 찍는 현실이 민주당과 진보정당들이 젊은 남성들의 마음을 잡지 못하는 중요한 이유 중 하나다. 2020년 정의당 비례대표 선거에서 실제로는 19등과 21등을 한 여성이 비례대표 1, 2번을 했다. 청년 할당제를 따랐다면 일반적으로는 1번은 청년 여성, 2번은 청년 남성이 되어야 했다. 그런데 둘 다 여성이 된 것이다. 정의당에 들어와 열심히 활동했던 젊은 남성들은 그 과정에서 혜택을 본 여성들과 싸우다가 상당수가 당을 떠났다. 그런데 아무도 이들을 붙잡지 않았다. 이 문제만큼은 꼭 이야기하고 싶었다.

김경민 조금 더 덧붙이자면. 한국 민주주의를 분석할 때 오프라인뿐만 아니라 온라인도 분석해야 한다. 한국 민주주의가 가진 큰 토대 중 하나는 '스몰 토크'가 가능한 수많은 온라인 소통 채널이다. 세계에서 가장 강하다. 하지만 남성들이 온라인에서 정치적 의견을 가질 때 보수적인 필터링을 거친다는 점이 우려된다. 남성들이 친숙하게 접근하는 유튜브, SNS, 커뮤니티 등을 포함한 대부분의 온라인 공간은 보수적 성향이다.

안성용 2016~2017년 박근혜 탄핵 때 20~30대 남성들이 압도적으로 찬성했다. 85% 이상이 찬성했으며 광장에도 많이 나왔다. 2017년 대선에서도 문재인 후보 지지율이 압도적으로 높았다. 그러나 문재인 집권 후 20대 남성이 등을 돌리는데, 그렇게 만든 첫 번째 사건이 '인천국제공항공사 정규직 전환' 문제다. 문제 처리 과정이 공정하지 않다고 본 것이다. 두 번째는 2018년 평창 동계올림픽에서 있었던 여자 아이스하키 남북 단일팀 구성 문제다. 이 또한 공정하지 않다고 보았다. 결정적인 사건은 2019년 조국 사태다. '내로남불'이라는 비판이 쏟아졌다. 20~30대 남성들은 세 번의 사건을 겪으며 격렬하게 의견을 내놓았는데, 당시 민주당과 정부는 그들을 계속 무시하는 태도를 보였다. 당시

정의당도 그들의 문제 제기에 적극적으로 동조하지 않았다. 20~30대 남성들에게 민주당과 정의당은 '나쁜 놈들'이 됐다. 2020년 총선 때 그들이 집단으로 돌아선 이유다 정당들이 자신의 소통 실책을 되돌아볼 필요가 있다.

동력을 잃어 가는 광장

윤석인 12.14 탄핵 가결 이후 광장의 힘이 갈수록 약해졌다는 의견에 대한 이태호 위원장의 생각을 듣고 싶다.

이태호 탄핵은 중요하지만, 탄핵이 모든 것은 아니라는 심리가 매우 강했다. 그래서 광장의 이름을 '윤석열 퇴진·사회대개혁'이라고 스스로 선언했는데, 광장은 생각보다 크지 않았다. 남태령·한남동·키세스 등에서 호명하는 '우리'의 범위가 매우 작아지며 포용력이 약화되기도 했다.

광장에서 '우리'를 확인하는 것이 나쁠 리는 없었다. 그러나 실은 보이지 않는 긴장이 있었다. 민주당이 광장으로 나오면서 머리띠의 색깔이 빨간색인지 파란색인지 무지개색인지를 두고 균열이 발생하기 시작했다. 발언 끝에 '투쟁'을 외치는 것을 통해 '우리'임을 확인하는 사람들이 '빛의 혁명'의 중심이 된 것처럼 보였지만, 그것이 확장되지 않는다는 사실이 점점 분명해졌다. 윤석열 정권이 들어서고 계속됐던 '갈라치기'도 이미 시민사회에 상당히 내재해 있었다. '이대남'은 나중에는 광장에 일부 합류했다고 하지만, 전체적으로 보수화되어 있음이 확인되었다. 그뿐만 아니라 전반적으로 정치적 양극화가 꽤 진행되어 있었다.

이 현상을 전반적인 극우화로 볼 것인가, 아니면 일시적인 진영화로 볼 것인가에 대해서는 아직도 분석이 마무리되지는 않았지만, 이 현상이 충격적이라는 것은 분명하다. 광장에 모인 이들은 페미니즘, 기후 정의 같은 진보적 의제를 정치적 이슈로 제기하고 싶었고, 그것이 노동 문제와 더불어 '사회대개혁'을 주장한 진정한 이유였지만, 어쨌든 내란 세력의 재집권과 파시즘의 등장을 막아야 했기에 민주당과 연대할 수밖에 없었다. 하지만 이 연합을 두고 서로 간에 불편함이 이어졌다.

윤영상 이태호 위원장이 방금 이야기했듯 박근혜 때와 비교해 이번 광장은 그리 넓어지지 않았다. 그렇다 보니 자발적으로 참여했던 시민들이 점점 소외되는 모습도 나타났다. 시민운동이든, 진보 운동이든, 대중 운동이든 간에 조직화된 세력이 광장을 다시 주도하기 시작하는 문제가 나타났다.

6월 항쟁 때 '민주헌법쟁취국민운동본부'(약칭 국본)에는 보수적인 민주화 운동 세력까지 포함되어 있었다. 매우 중요한 전통인데, 이후 경실련과 참여연대가 만들어지고, '독자 후보'니 '후보 단일화'니 '비판적 지지'니 하면서 정치에 진출하려는 그룹이 같이 섞였다. 얼핏 보면 기존 재야 세력이나 시민단체들이 활성화되는 것 같지만, 오히려 1988년의 4당 체제가 양당 체제로 바뀌는 과정에서 다양성이 감소하고 있는 것은 아닌지 질문하게 된다.

노무현 탄핵, 광우병 논란, 박근혜 탄핵 그리고 윤석열 탄핵 등 그런 문제점을 시정할 수 있는 기회는 계속 있었다. 이번 광장에서도 그런 모습을 극복하지 못하는 한계가 드러난 것 아닌가? 과연 정말로 보수를 포함한 내란에 반대하는 모든 세력을 포용하는 공간을 창출할 수 없었던 것인지 의문이다.

이태호 어쨌든 광장은 진보적인 시민단체들이 조직하고 운영한다. 박근혜 탄핵 때도, 2008년 광우병 촛불 때도 마찬가지였다. 물론 누가 조직하든 광장 무대는 플랫폼일 뿐이다. 탄핵 소추 직전처럼 대중이 고양되는 시기에는 시민이 명실상부한 광장의 주인공이지만, 대중적 고양이 한풀 꺾이는 소위 '보릿고개' 시기에는 광장이 상대적으로 진보적인 판이 된다. 매우 열심히 하는 사람이 나오기 때문이다.

그런데 이번에는 시작부터 좀 달랐다.

이재명을 싫어하는 사람이 많았다. 운동권이 주도한다고 사람들이 나오지 않은 게 아니다. 지금 운동권은 영향력도 작고, 어차피 급할 때는 운동권이 만드는 잔칫상에서 밥을 먹어야 한다는 것도 다들 알고 있다. 2008년 광우병 집회 때는 '깃발 치워라', '운동권들 나가라'고 했지만, 지금은 그런 이야기는 하지도 않는다. 그러나 '민주당의 헤게모니'에 들어가기 싫은 사람이 있었고, 특히 이재명의 사법 리스크는 계속 문제가 되었다. 정치적 진영화의 실체는 이재명을 보기 싫은 사람이 보수에도, 진보에도, 중도에도 있었다는 것이다. 강하지만 결점이 많은 지도자가 강한 응집력을 지니고 자신의 힘보다 훨씬 많은 영향력을 발휘하는 이 현상이 전 세계에서 자주 일어나고 있고, 세계 유수의 민주주의 평가 기구들은 이를 민주주의의 위기 징후로 분석한다.

이는 왜 연대가 안 되는지도 설명해 준다. 진보라도 확실한 명분과 정당성이 있으면 진보적 담론으로 연대할 수 있다. 신자유주의 시대에는 진보가 지적이고 도덕적인 헤게모니를 쥘 수 있었다. 그때는 반(反)신자유주의를 외치면 다 모였다. 그러나 이제 진보에게 그 정도의 헤게모니 파워는 없다. 정치적 포퓰리즘이 그 자리를 차지했고 '프레임 이론', '정체성 정치'가 만연하다.

윤영상 여기서 중요한 문제 두 가지를 짚고 싶다. 첫째, 정치가 진영화하면서 정치적 부족주의, 포퓰리즘이 나타났다. 정치적 견해가 다른 극단화된 대중을 토론의 장으로 모으지 못하는, 즉 민주적 공론장이 무너지는 상황에 대한 고민이 필요하다. 둘째, 민주당은 정치적 정체성·목적성·조직력이 매우 강한 데 비해 광장은 다양한 정치적 지향성을 가진 작은 세력들로 나뉘어 있다. 광장 세력이 정치적 힘을 키우거나 의사를 표현하는 데 한계가 있다는 점이 민주당에 대한 그들의 과도한 기대와 요구로 이어진다. 자기 힘으로 민주당을 압박하고 비판하기보다는 거의 구걸하듯 요구하게 된다.

이태호 현실적으로 사회적 연대를 통해 다른 세상을 열 수 있다는 기대감은 많이 떨어져 있다. 이것이 거부권 거부 집회 때 사람들이 나오지 않은 이유이자 광장이 쪼개진 배경이다. 이 불신과 좌절감을 정치적 양극화나 포퓰리즘이 먹고 살기 때문에, 세상을 바꾸려는 사람들은 사회적 연대를 복원하고 싶어 한다. 그러나 연대가 깨진 상태에서 다수를 이루고 있던 세력은 민주당원들이었다. 당원들은 사회대개혁도 중요하다고 생각하지만, 민주당 승리와 이재명 수호를 더 원했다. 깨진 연대를 '탄핵'이라는 명분으로 붙여

됐지만 계속 불편함이 있을 수밖에 없었다.

역설적이게도 사회대개혁을 그렇게 강조했던 사람들은 민주당과 만날 생각을 안 했다. 공동성명을 채택할 생각조차 안 했다. 무대에 민주당을 세우는 것이 불편하다는 이유로 아무것도 하지 않았다. 그래서 시민정치를 정말 싫어했던 내가 나서서 주장했다. “대외협력 태스크 포스를 빨리 가동해야 한다. ‘사회대개혁위원회’를 만들어 개혁 과제를 백 개, 천 개 만들어 봐야 찻잔 속의 태풍이다. 광장 시민도, 민주당 당원도 동의하지 않는다. 사회대개혁을 한다는 공동선언을 만들어 내야 한다.”

그러나 진보연대도 시민단체도 소극적이었다. 민주당과 공개적인 입장을 함께 발표하는 것이 가져올 논란 때문이었다. ‘따로 또 같이’ 정도의 입장이었달까. ‘체제 전환’을 내세운 좌파는 ‘내란 세력 재집권 저지’ 같은 내용이 들어갈까 봐 싫어했다. 진보 세력들은 사회대개혁을 꼭 해야 한다고 하면서 민주당과의 합의를 만들기 위한 실질적인 노력은 아무것도 하지 않았다.

시민사회의 리더십이 약화되어 있다. 페미니즘이나 기후 정의 운동은 다른 나라에서는 이미 정치적 주류다. 한국에서도 장래에 대세가 될 의제이지만 아직은 연합을 이끌 만한 주류가 되지 못했다.

2024년 12월 14일 탄핵 소추안 가결 이후

윤석인 윤석열 탄핵 가결 이후 광장 바깥의 흐름들은 어떠했나. 광장 정치의 집중력이 떨어졌던 시기이고, 윤석열 체포 과정도 지난했다.

윤영상 이때는 헌법재판소의 윤석열 파면 인용 여부가 불확실했기 때문에 파면 및 내란 종식에 집중하자는 입장과 이 기회에 사회의 중요한 정치적 과제를 함께 해결해 나가자는 입장이 있었다. 대다수가 전자였다. 나는 개헌을 이야기했는데, 시국회의 안에서 개헌 문제를 다룰 때 중간에 전략을 수정했다. 내란 종식을 해나가되 오피니언 리더들은 개헌의 중요성을 인정해야 한다고 주장했다. 대중에게는 단계적으로 접근하더라도, 핵심 인물들은 적절한 시점에 이 논의를 해야 한다고 했다. 그러나 민주당에선 대중 공간에서 개헌 문제를 제기하는 사람을 공격하는 흐름이 나타났다.

김경민 이 시기에 있었던 중요한 사건 가운데 하나는 국민의힘을 중심으로 수구 보수 세력이 결집한 것이다. 이와 관련한 몇 가지 문제를 살펴보자면 첫째, 수구 세력은 박근혜 탄핵을 거치며 자신들의 행동을 매우 열심히 검토하고 학습했다. 그런데 우리는 박근혜 탄핵 때처럼 대응했다. 둘째, 2024년 총선을 보면 전체적으로는 민주당이 이겼지만, 영남에서는 완패했다. 다섯 석밖에 못 얻었다. 셋째, 국민의힘이 정부 조직을 다 장악하고 있었다.

초기에 민주당이 이재명 대표의 사법 리스크 때문에 조용하고 신중한 로키(low-key) 전략으로 대응한 것이 결정적인 전략적 실책이었다. 개헌 문제도 마찬가지다. 그때 개헌을 가장 강력하게 주장했던 곳이 광주다. 광주 사람들의 정치적 판단은 정말 대단하다고 생각한다. 개헌에 대해서도 적극적으로 논의를 했어야 한다.

윤석인 1987년 노태우의 6.29 선언 때는 곧바로 김영삼 총재가 개헌특위를 만들었는데, 이번에는 대선 승리를 예단하고 미리 자축하는 듯한 묘한 분위기로 가면서 대선 과정 자체가 내란 종식과 개헌을 병행하는 것이 아니었다. 당시에 개헌과 관련해 문의하면 한결같이 이재명 대표 눈치를 보며 할 말이 없다고 했다.

김경민 개헌의 필요성 여부 자체가 주요 논제다. 나는 당연히 개헌해야 한다고 생각해 왔다. 개헌 규모가 작더라도 말이다.

안성용 2025년 1월에 낸 《윤석열은 왜? 우리는 무엇을?》이란 책에 쓴 내용이 있다. 국민의힘은 2024년 12월 4일에 이미 '똘똘 뭉쳐서 버티고 간다'고 의견을 모았다. 국민의힘은 박근혜 탄핵을 경험하며 많은 준비를 했고, 권성동이 그들을 강력하게 이끌었다. 민주당은 권력을 다시 잡을 것이라고 판단했다. 그래서 12월 4일부터 한덕수가 공을 다시 넘겨준 12월 26일까지 조금도 꼼짝하지 않았다. 전술적인 실패다.

12월 14일 이후 광장과 의식 있는 대중들은 대부분 박근혜를 탄핵시킨 경험에 미루어 윤석열은 100% 탄핵될 것이라고 생각해 나서지 않았다. 세 개의 커다란 정치 세력의 판단이 2025년 3월까지 부딪혔다. 민주당은 '득표율 55% 승리', '최소 득표율 51%' 같은 전략을 수립하고 있었다.

하지만 3월 8일 윤석열이 감옥에서 나오자 예상치 못한 일이 벌어질 수도 있다는 생각을 하게 된다. 그때서야 비로소 '반내란 연합 전선'의 힘이 다시 강화되고 민주당이 광장의 말을 듣기 시작했다. 3월 8일부터 3월 말까지가 민주당이 유일하게 제대로 광장과 시민과 가까이했던 시기다. 그러다가 4월 4일 윤석열이 파면되자마자 원래 입장으로 돌아갔다.

윤영상 이 역동적인 과정을 해석할 여지는 다양하게 남겨두는 것이 좋다. 안성용 위원장의 해석도 가능하지만, 민주당도 탄핵 소추안이 4월 4일에 헌법재판관 8명의 전원 일치로 인용될지 몰랐다. 윤석열도 몰랐을 것이다.

윤석인 실제로 5대 3, 6대 2 등 헌재 판결에 관한 이야기들이 계속 나돌았다.

윤영상 우리는 미래를 알고 행동하는 것이 아니라 각자의 처지에서 중요한 것이 무엇인지 결정할 수 있을 뿐이다. 당시 민주당은 정보가 불확실한 상태에서 그나마 확실한 근거들을 중심으로 판단해 나갔다고 본다. 4월 4일 탄핵 심판, 5월 초 조희대 대법원장의 이재명 공직선거법 위반 사건 파기환송, 이후 고등법원의 파기환송심 연기 등은 누가 계획한 것이 아니다. 이 6개월의 과정이 하나의 드라마다. 사후적으로 해석하다 보면 아쉬운 부분이 있을 수밖에 없다.

김경민 국민의힘이 뭉쳐서 버티다가 어느 시점에 윤석열을 버리면서 자신들의 색깔을 바꿔 대선 체제로 갈 줄 알았다. 저렇게까지 막무가내일 줄은 몰랐다. 저들이 합리적으로 메이크업을 바꿔서 했다면 2025년 대선은 만만치 않았을 것이다.

윤석인 검찰 정권이었기 때문이라고 본다. 검찰이, 윤석열이 끝까지 실권을 쥐고 있었기 때문에 메이크업이 바뀔 수 없었다. 역설적이지만, 실권을 쥐고 있던 사람들, 즉 지귀연 판사, 심우정 검찰총장, 조희대 대법원장 그리고 윤석열이 이재명 당선의 최고 공신이 된 셈이다.

2025년 3월 8일 윤석열의 '법률적 탈옥' 이후

윤석열 석방부터 대선까지의 흐름

윤석인 2025년 3월 8일 윤석열이 풀려난 뒤 광장이 다시 뜨거워졌고, 그 열기 덕에 4월 4일 헌법재판소는 윤석열을 파면했다. 이후 대선 국면이 시작됐는데 이 시기에도 이재명을 향한 사법 쿠데타 등 여러 곡절이 있었다. 안성용 위원장이 주요 흐름을 먼저 설명해 주면 좋겠다.

안성용 3월 8일 '탈옥' 사건 이후 민주당 사람들은 광장에 나와 농성했다. 광장을 존중했고 3월 말까지 광장과 서로 손발을 잘 맞추며 대단한 열정으로 투쟁에 임했다. 동시에 헌재 선고 일정 발표가 늦어지면서 광장 집회는 점점 비장해졌다. 그러다 4월 1일 선고일이 발표되자, 광장은 물론이고 언론과 사회 전체 분위기가 확 바뀌었다. 탄핵이 선고된 4월 4일까지 그 분위기가 이어졌다.

윤영상 민주당은 3월 26일 이재명 선거법 위반 항소심 무죄 판결 이후 기세등등했다. 그러나 4월 4일 탄핵 판결이 나올 때까지는 시민사회를 의식하지 않을 수 없었다.

탄핵 이후 이재명 지지율이 한참 올라갔지만, 민주당 입장에서 한덕수 출마론과 대선 경선에서 한동훈이 승리하는 경우는 신경 쓰였을 것이다. 특히 한동훈이 친윤계의 반대를 돌파하고 대선 후보가 된다면 폭발력이 클 수도 있었다. 하지만 한동훈이 경선에서 패배하고 한덕수 출마론의 김이 빠지는 과정에서 이재명이 압승한다는 분위기가 형성되는데, 5월 1일 대법원이 유죄 취지로 파기환송 판결을 내린다. 민주당과 시민사회는 냉탕과 온탕을 오갔다. 시민정치·진보정치 의제에 초점을 맞춰 보면 '내란종식 민주헌정수호 새로운 대한민국 원탁회의'의 1차·2차 선언, 민주당과 야 4당 그리고 '광장대선연합정치시민연대(약칭 광장시민연대)'의 '광장대선연합정치시민연대-제정당 연석회의 공동선언'(이하 5.9 공동선언)이 이 시기에 나왔다.

진보 진영의 대선 전략

윤석인 대선 전략과 관련한 쟁점은 없었는가? 통상 두 개의 전략이 있을 수 있다. 독자 후보론과 연합 후보론이다. 독자 후보론은 조국혁신당이 너무 쉽게 포기한 것 같았다.

윤영상 2024년 12월 탄핵 소추 이후에는 윤석열이 파면된다는 전제 아래 조기 대선 대응이 문제였다. 조국혁신당 안에서도 후보자, 후보 등록 여부 등을 두고 논쟁이 벌어졌다. 그러던 중 갑자기 조국 대표의 뜻이라며 후보를 내지 말자는 의견이 나왔다. 그렇게 하면 조국혁신당이 존재감을 드러낼 기회를 놓치게 되고, 한국의 정치 현실상 쓸 수 있는 카드를 버리면 제대로 대접받지 못한다는 반론이 나왔다. 이때 시국회의에서 '투 샷(two shot)' 단일화 과정을 만들어야 한다는 의견이 나왔다. 조국혁신당, 진보당, 정의당을 연결해 투 샷 단일화를 만들어내면 광장의 목소리를 구체화하고 민주당을 압박하면서 효과적으로 활동할 수 있다고 생각했다. 그러나 조국혁신당은 후보를 내지 않는 데에 대한 내부의 강한 반발을 무마하기 위해 '원 샷 오픈 프라이머리(one shot open primary)'를 내놓는다.

'원 샷'은 조국혁신당 입장에서는 좋은 방안일 수 있지만 광장 시민이나 진보당, 정의당 입장에선 좋은 안이 아니다. 원 샷 오픈 프라이머리는 컷오프를 통과한 후보끼리 결선하는 방식이다. 컷오프를 통과하려면 여론조사나 선거인단 투표에서 일정 지지율을 확보해야 한다. 이 방식을 따르면 이재명 후보, 비명계 후보, 조국혁신당 후보만 남을 가능성이 높다. 이에 따른 불만을 방지하기 위해 대선 후보와 대선 공약에 각각 투표하는 방식을 제시했지만 현실화시키지는 못했다. 민주당은 이재명이 무난히 대선 후보가 되는 상황에서 괜히 비명계 후보가 떠오르며 이재명 후보에게 생채기를 내는 것을 우려했다.

윤석인 진보당의 김재연 후보가 5월 9일 공동선언과 함께 후보를 사퇴했는데, 일반 사람들은 잘 모른다.

이태호 컨벤션 효과가 너무 없었다.

윤영상 어쩔 수 없었다. 진보당 안에서도 완주파와 중도 사퇴파의 입장이 부딪혔다. 중도 사퇴파가 다수였는데, 진보당의 복잡한 속사정이 있었던 것 같다.

김경민 진보당은 선거 비용 문제도 있었을 것이다. 공식적으로는 윤석열이 거부권을 행사했던 법안들을 조속한 시일 내에 입법하는 것을 단일화 조건으로 진보당이 내걸었는데, 민주당이 이를 받아들였다. 그것이 후보 사퇴의 명분이었지만 사퇴 후 내홍에 많이 시달렸다. 당도, 민주노총도, '전국농민회총연맹'(약칭 전농)도 마찬가지였다. 하지만 진보당은 몇 번이고 같은 결정을 반복할 의지가 있다고 본다. 통합진보당의 상처가 깊어 '붉은 글씨'를 지우기 위해 해야 하는 일이라면 언제든 반복해서 할 수 있는, 힘이 있는 조직이다.

윤영상 이번 연합정치의 양상을 눈여겨봐야 한다. 2002년과 2007년에 민주노동당에서 권영길 후보가 나올 때는 연합정치를 고려하지 않았다. 그러나 민주노동당이 분당한 후 진보신당, 민주노동당, 통합진보당, 정의당으로 이어지는 과정에서는 이중의 연합정치 논의가 매우 많았다. 이중의 연합정치는 민주당과의 연합정치 그리고 진보 진영 내의 연합정치를 의미한다.

'투 샷 오픈 프라이머리'가 본격적으로 거론된 것은 2010년 지방선거 때다. 그때 처음으로 이중 단일화를 논의했다. 가장 잘 된 사례가 부산에서의 김석준-김정길 단일화였다. 이상했던 사례는 심상정-유시민 단일화였다. 또 민주당이 단일화를 거부하면서 노회찬이 욕을 먹었던 진보신당의 서울시장 단일화 논의도 있었다. 이후 정의당은 2022년 대선에서 심상정 후보가 완주하기 전까지는 이중 단일화를 성사시키면서 성장했다. 많은 사람들은 2022년에 심상정이 이재명과 단일화하지 않은 것에 주목하지만, 진보당, 노동당, 녹색당 등 다른 세력들과의 단일화도 하지 않았다. 심상정 후보와 정의당 모두를 향해 단일화 거부에 대한 비난이 일었다.[2)]

이번 대선 국면에서는 연합정치를 성공적으로 구상하지 못했고, 단일화 카드로 진보 세력의 힘을 형성하면서 민주당을 압박해 제도 개혁이나 개헌을 끌어내는 전략도 구사하지 못했다.

안성용 1월에 책을 두 권 쓰고 2월 7일 '연립정부론'에 대한 글을 발표하고 나서부터 사람들을 본격적으로 만났다. 2월 말과 3월 첫째 주에 만난 민주당 사람의 의견은 선거 연합을 하면 좋겠다는 것이었다. 조국혁신당에 대해서는 윤영상 박사가 자세히 이야기했고, 진보당은 애초부터 출마할

2) 2017년 대선 때는 보수 후보가 홍준표, 안철수, 유승민으로 분열되어 있었기 때문에 단일화 논의 자체가 없었다. 이런 상황에서 심상정 후보가 높은 득표율을 기록했다.

생각이 없었다. 정의당은 노동당, 녹색당, 일부 노조 등과 함께 대선 대응에 관련한 논의를 하고 있었다.

흔히 말하는 진보정당은 진보당, 정의당, 노동당, 녹색당 네 개 정당을 일컫는다. 기본소득당은 노동당에서, 사회민주당은 정의당에서 나왔으니 진보정당으로 분류하는 것이 타당하다. 두 당은 진보당처럼 민주당과의 총선 연합을 통해 원내 정당이 되었다. 그런데 2024년 총선으로 원내 정당이 된 진보당과 진보연대 등은 정의당을 많이 견제한다. 조국혁신당은 구성과 탄생 과정 자체가 민주당에 뿌리를 두고 있어 진보정당들과는 차이가 크다. 작년 총선부터 이번 대선까지 민주당과 한 몸처럼 움직여 왔다.

한편 진보당에서는 비공식적으로 많은 사람이 '정의당은 진보정당이 아니다'라고 말한다. 오래된 이야기인데, 그 이유는 자기들이 탄압받을 때 정의당이 도와주지 않았기 때문이다. 그러나 실제 역사를 보면 그렇지 않다. 어쨌든 진보당이 지금 채택하고 있는 기본 입장은 '유일 진보정당론'이다. 자신만이 유일한 진보정당이며 나머지는 대충 무시한다는 것이 기본 전략이다.

2024년 총선 연합 과정에서 진보당이 제일 큰 이득을 봤다. 나머지는 모두 원외가 됐다. 이런 상황에서 진보당은 이재명이 당선될 것이 분명하니 구태여 출마하지 않고 민주당을 돕는 대신 실리를 취하는 전략을 2025년 2월에 이미 세우고 민주당과 교섭하고 있었다. 정의당, 노동당, 녹색당은 교섭할 만한 힘이 없으니 논외였고, 광장도 이태호 위원장이 말했듯이 3월 7일까지는 배제되고 있었다.

진보당의 핵심 전략은 민주당과 정치 노선을 함께 가면서 민주 연합 전선을 통해 입지를 강화하는 것이다. 호불호가 갈릴 수 있는 전략이지만 마냥 비난할 수는 없다. 현실 정치에서 힘을 기르려는 매우 명확한 목적이 있는 것이다. 중요한 것은 광장에서의 투쟁을 통해 민주노총의 조합원 수가 증가하고 전농, '전국여성농민회총연합'(약칭 전여농)의 존재감이 커졌다는 점이다. 종합적으로 진보연대의 힘이 강화됐고 진보당은 당원이 늘었다. 물론 민주당 당원이 가장 많이 늘었지만 말이다. 참여연대도 늘었다고 했으니 대형 단체들은 대부분 늘어났다. 진보당은 민주노총이 대의원 다수를 차지하고 있어 여러모로 곤란한 처지에 몰려 있었는데, 판이 극적으로 변화하며 '살판'이 났다. 따라서 대선 과정에서도 민주당과의 연합 기조를 유지하면 대선 이후에 훨씬 더 공간이 열린다고 판단했다. 물론 반대하는 당내 소수파도 있었다.

시국회의든 연대회의든 문제가 발생한 곳은 이쪽이었다. 힘을 키우지 못했다. 내가 나중에 '국정연합론'으로 이름을 바꾼 '연립정부론'은 진보당, 원외 3당, 조국혁신당 모두 민주당과 함께 공동으로 활동하고, 민주당으로부터 집권 후 얻어 낼 수 있는 것을 최대한 얻어 내자는 것이었다. 당연히 내란은 청산하면서 동시에 사회대개혁 의제를 해결하고 더 나아가 이쪽 전체가 정치적으로 힘을 얻도록 하자는 취지였다. 그래서 시국회의를 축으로 종교계, 학계, 언론계, 문화·예술계, 법조계 등과 논의해 '사회대개혁 시민정치행동'이라는 대중조직을 만들고 단체가 아닌 일반 개인들, 특히 광장에 나온 사람들을 최대한 모아서 활동하려고 했다. 2017년 '박근혜정권 퇴진 비상국민행동'이 박근혜 파면 이후 해산해 버려 당시 과제였던 '적폐 청산과 사회대개혁'을 전혀 수행하지 못했기 때문이다.

이 움직임은 결론적으로 수천 명 규모를 동원하는 데서 끝났다. 2025년 3월 초부터 4월 말까지 진보연대에서 이런 방식으로는 연대회의 쪽이 들어오기 어려우니 방식을 바꿔야 한다며 계속 시간을 끌었다. 그러다가 역제안이 와서 5월에 만들어진 것이 '대표적인 개인 몇십 명'이 제안하는 방식의 '광장시민연대'였다. 나중에 보니 연대회의에서는 김경민 총장만이 참석했다. 연대회의에서는 다른 이유로 이 '광장시민연대'에 반대했다고 들었다. 어찌 보면 진보당과 진보연대가 그들의 입지 강화를 위해 광장에서 역할을 하는 다른 그룹들을 활용해서 '광장시민연대'를 그렇게 만들어 냈다고 볼 수 있다.

집단으로 발목이 붙들린 이유는 두 가지다. 하나는 '비상행동' 이름에 '사회대개혁'이 있다는 것이다. 문재인 정부가 촛불 정부를 자처하고 아무것도 안 했으니 사회대개혁 과제를 광장의 목소리와 함께 직접 수행해야 한다고 생각했다. 또 다른 하나는 목소리를 내고 힘을 키우려면 흩어지지 않고 모여야 한다고 판단했다는 것이다. 그런 방침을 취하니 진보연대에서는 급하게 5월 9일에 공동선언을 발표하면서 김재연 후보 사퇴를 아름답게 포장해 준 것이다. 물론 광장을 이끈 비상행동은 예상대로 이번에도 대선 직후 그냥 해산했다.

연립정부와 연합정치

윤석인 2017년 대선 때는 보수, 진보 양 진영 모두 후보들이 여럿 나왔다. 그리고 당시에는 연립정부 개념이 있었다. 박근혜의 새누리당을 고립시키기 위한 연립정부 구성에 대한 문제 제기가 있었는데, 이번에는 그런 것이 없었는가?

이태호 연립정부 이야기는 물밑에서만 있었다. 민주당 쪽에서도 이야기했고, 시민사회 쪽에서도 비공식 간담회에서 이야기했지만, 비상행동이 할 이야기는 아니었다. 애초에 비상행동 내에서 연립정부를 제안하는 것은 불가능했다. 체제 전환 그룹에서 강하게 반발했기 때문이다. '내란 종식'을 주장하는 데에는 동의하지만 '내란 심판'을 외치는 것은 민주당을 지지한다는 뉘앙스가 있어 동의하기 어렵다는 판에 연립정부 이야기가 되겠는가?

이런 이유로 진보연대는 초기에 비상행동 지도부를 거부권 거부 연합에 함께 했던 그룹 중심으로 꾸리자고 주장했다. 체제 전환 그룹은 거부권 거부 행동에는 참여하지 않았다. 연대회의 소속 단체들은 좀 더 폭넓게 지도부를 재구성하자는 주장을 관철했다. 어쨌든 체제 전환 그룹까지 포함해 어렵게 '연합'에 관한 논의를 이어 갔다. 구호가 내란 종식이든 심판이든 정치 세력과의 연합이 불가피하다는 것이 합의점이었다.

안성용 이태호 위원장과 나는 경험과 인식이 동일하다. 2024년 12월 전부터 진보연대와 진보당은 원외 3당을 배제하고 자신들의 패권을 유지하고 싶어 했다. 그래서 어떤 때는 연대회의를 핑계 삼아, 어떤 때는 다른 것을 핑계 삼아 계속 배제하면서 물밑에서는 민주당과 거래했다. 조국혁신당은 민주당과 한 몸이라고 보고 아예 거론조차 하지 않았다. 어찌 보면 우리는 그냥 '착한 사람들의 모임'이다. '그래그래, 그래도 오늘 같이 행동해야지. 우리끼리 또 분열하면 힘이 더 약화할 테니까.' 나는 오늘까지 이런 태도를 견지해 왔다. 그러나 그쪽은 철저했다.

김경민 매우 철저하다. 나도 연합정치를 만들어가는 과정에서 정의당도, 기본소득당도, 사회민주당도 지켜봤다. 민주당은 본능적으로 분할통치를 하려 한다. 조국혁신당이 오픈 프라이머리 같은 걸 주장할 때만 해도 민주당이 진보당과 손잡고 조국혁신당을 계속 견제했고, 조국혁신당은 딱 고립되어 꼼짝도 못 했다. 그러다가 조국혁신당이 후보를 안 낸다고 하면서 판세가 바뀌었다. 진보당이 후보를 내자 조국혁신당과 민주당이 긴밀하게 대화했다. 이런 게임에 걸리지 않는 방식으로 쌓는 신뢰 자본이 연합정치의 가장 중요한 자산이다. 그것이 김재연 후보가 사퇴 기자회견을 할 때의 마지막 자존심이었다.

안성용 자존심이 아니고 그렇게 포장해 달라고 한 것이다.

이태호 진보당과만 후보 단일화를 하는 모양새가 너무 좋지 않다는 사실을 아는 것이다. 그래서 민주당은 후보 단일화라고 하지 않고 '진보당의 자발적인 후보 출마 포기'라고 말했다.

안성용 거기까지는 좋다. 문제는 김재연 후보가 사퇴했을 때 민주당에서 포장을 전혀 해 주지 않은 것이다. 더욱 황당했던 일은 기자가 이재명 후보에게 '진보당 김재연 후보가 오늘 이 후보를 지지하며 사퇴했는데, 어떻게 생각합니까?' 물었을 때, 이재명이 '정말 고맙게 생각합니다'가 아니라 '그런 일이 있었어요?'라고 답한 것이다. 그 영상이 엄청나게 퍼졌다. 진보당과 진보연대, 민주노총, 원외 3당 등에서는 난리가 났다.

윤영상 원외 3당이 그것을 더 활용했다.

안성용 정의당의 다수 의견은 일단 후보를 냈다가 중도 사퇴하면서 연합하자는 것이었다. 노동당과 녹색당에서는 완주하자는 목소리가 컸다. 그런데 5월 9일 김재연이 사퇴하고 그 영상이 돌자, '진보당도 저렇게 대우받는데 우리는 더 밟힐 것 아니냐?'는 반응이 나왔다. 분위기가 완주하자는 쪽으로 완전히 반전됐다.

김경민 연립정부론은 사실 실효성 있게 제기된 적이 없고, 진보당은 이에 대해 찬성하지 않았다. 진보당의 최종적인 입장은 모르겠지만.

안성용 2025년 대선을 앞두고는 모두 찬성이었다. 3월부터는 확실하게 찬성했다. 민주당을 제외한 원내 정당 모두와 원외 3당도 고민을 했다. 하지만 결국 이 고민을 정치적인 힘으로 만들어 내지는 못했다.

김경민 시민사회단체에 던지고 싶은 정말 진지한 질문이 있다. 촛불의 성과를 가로챘다는 이유로 문재인 정부를 비판하려면 연합정치에 참여해서 정부를 견제하고 압박해야 하는 것 아닌가? 왜 연합정치에 참여하지 않으면서 비판을 했는가?

이태호 계속 연합정치에 참여하기 어려웠던 배경을 이야기하지 않았나? 참여하지 않는 것이 문제라는 주장은 당위론에 불과하다. 시국회의는 '선(先) 진보 대연합'을 이야기했다. 그러나 정의당과 진보당 간에 합의가 잘 이루어지지 않았다. 정의당이 거부했다고 알려져 있지만, 진보당과 진보연대도 진보정치 세력 내에서의 헤게모니를 확실히 해야 한다는 판단하에 정의당 등 원외 정당과의 연대에 소극적인 모습을 보였다. 각자 이유가 있었기에 누구를 비난할 수는 없다. 다만 연합정치가 제대로 작동하기 어려운 상황이었고, 시민사회단체들은 연합정치에 대한 이런저런 견해를 떠나서 이에 참여할 이유를 찾지 못했다.

김경민 큰 두 주체인 정의당과 진보당이 오랫동안 사이가 나쁘다는 것과 더불어 정의당과 달리 진보당은 민주당과는 연합할 수 있다는 점도 중요하다.

2025년 6월 3일 대선 결과 평가

이재명 득표율의 해석

윤석인 이재명 후보가 이번 대선에서 승리했지만, 과반수 득표율을 얻지 못한 점은 아쉬운 대목이다. 이재명을 정말 싫어하는 사람이 많았기 때문인지, 여전히 뿌리 깊은 우리 사회의 보수 성향 때문인지, 이에 대한 평가와 분석이 필요해 보인다.

안성용 대선 전 민주당에는 55% 득표율의 여유 있는 승리를 주장한 이들과 51% 박빙 승리를 주장한 이들이 있었다. 2025년 2월 말에서 3월 초까지는 55% 승리론이 훨씬 득세했는데, 이는 아마 문재인 당선 때의 학습 효과 때문인 듯하다. 탄핵 이후 선거니 당연히 민주당이 이긴다고 보았고, 탄핵 지지 여론이 60% 이상 계속 나왔으므로 그 정도 득표가 가능하다고 분석했던 것 같다. 당에서 자체 여론조사를 계속 축적했던 것 같다.

나는 기본적으로 '삼자 구도'로 갈 것이라고 예측했다. 이준석의 득표율이 10~15%까지 나올 수 있고, 국민의힘은 강고한 35% 지지층이 있어 이번 국면에서도 40% 득표가 충분히 가능했다. 이전 대선의 심상정 같은, 존재감이 있는 진보정당 후보가 없어서 이준석이 이재명 표를 많이 가져가며 제3당 효과를 충분히 누릴 것이라고 생각했다. 그런 관점에서 민주당이 기대하는 55% 승리는 불가능하고, 51%도 어렵다고 판단했다. 민주당을 제외한 나머지 정당들은 후보를 낼 수 없는 상황이었다. 원외 3당의 득표율은 최대 1%일 것이며, 민주당에서 최대 득표율은 48% 정도일 것이라고 보았다. 물론 김문수와 한덕수를 예측하지는 못했다. 정말 있을 수 없는 일이 너무 많이 일어났다.

일반적인 선거 구도 외에 연립정부론에 대해 많이 생각했다. 민주노동당 분열 이후 흩어진 진보정당 지지자들과 쪼개져 있는 시민사회의 힘을 하나로 모으면 55%가 아니라 60~65%까지도 나올 수 있다고 보았다. 이들이 적극적인 선거운동에 나선다면 매우 큰 힘을 발휘할 것이라고 주장했다. 이 주장이 가장 잘 받아들여진 시기는 3월 8일부터 3월 말까지였다. 윤석열이 활보하니 민주당은 위기의식을 느끼며 광장과 손잡는 것을 고려했지만, 4월 1일 헌재의 선고일 발표가 나자마자 분위기가 반전했고, 4월 4일 파면 선고 이후에는 다시 55% 승리론이 득세하며 단독으로 간다고 했다.

당시에 대선을 예측하며 지역, 계급, 성, 세대 문제를 분석했다. 2019년 서울시장 선거 때부터 2020년, 2022년, 2024년까지의 여론조사 및 선거 결과에 근거하면 50%를 넘기기 어려웠다. 세부적으로는 민주당이 2022년 대선과 2024년 총선에서 행한 미국식 선거운동 방식의 한계도 지적했다.

윤석인 민주당은 거리 플래카드를 처음에는 전국 의제를 홍보하는 슬로건으로 내걸었다가 중간에 지역별 의제로 바꾸어 내걸었다.

안성용 민주당 전략가들과 밀접한 미국의 선거 캠페이너들이 세뇌시킨 결과다. 일종의 업자들이 정치인들을 포획한 셈이다. 정치인들은 깊이 있게 공부할 수 없으니 '미국에 정말 좋은 방법이 있다'고 하면 그대로 받아들인다. 그러나 한국은 미국과 다른 사회다. 그 근본적인 차이를 이해하려 하지 않은 것이 2022년 대선 패배 원인 중 하나다. 2024년 총선에서도 같은 실수를 반복했지만, 국면이 달랐기 때문에 승리할 수 있었다. 이번 대선에서는 똑같이 하면 안 된다고 이야기했는데, 알았다고 하더니 그렇게 하지 않았다.

캠페인의 가장 큰 문제는 이재명이 왜 당선되어야 하는지 그 이유를 설명하지 못했다는 것이다. 반면 이재명에 대한 중도층의 비토 여론이 높았으니 반대쪽은 이재명이 당선되면 안 되는 이유에 대해 적극적인 캠페인을 벌였다. 이번 대선에서는 윤석열과 이재명 둘 다 나쁜 놈이라는 프레임이 없었는데도 이재명이 되어야 하는 이유를 말하지 못했다. 이런 이유들이 종합적으로 작용해 50%는 나올 수 없었다. 49.24%까지 나온 것은 진보정당을 지지했던 사람들이 이재명에게 옮겨 갔기 때문이다. 권영국은 신인인데 0.98%가 나왔다. 그 정도로 적극적으로 밀어주었다고 생각한다.

윤석인 권영국의 득표율은 역대 진보정당 후보 가운데 가장 낮았다. 하지만 대선 후 평가는 긍정적인 것 같다.

이태호 선거 전 지지율보다 높아졌기 때문이다. 0.5%밖에 안 될 것이라고 예상했는데 0.98%를 얻었으니 두 배다. 텔레비전 토론에서 그나마 선방했고 이재명에 대한 비난을 자제해서 가능한 득표율이 아니었나 싶다.

김문수 득표율의 함의

윤석인 내란으로 인한 대선인데도 김문수 후보가 많은 표를 받았다. 그동안 악마화된 이재명이 싫다는 정서가 있다고 해도, 보수 세력이 강고하게 뭉쳐 있다는 점에 주목할 필요가 있다. 이는 내란을 통해서라도 '스트롱 맨'이 나타나기를 원하는 상당수가 있다는 것을 의미한다. 민주당이 대선 캠페인을 하면서 분권형 대통령제를 도입하고 민주주의를 더욱 강화하겠다고 호소해야 했는데 그러지 않았다. 나는 개헌 논의를 진전시켜야 한다고 말했지만 받아들여지지 않았다.

안성용 민주당의 대선 캠페인에는 핵심 주제가 없었고, 내란 종식과 윤석열에 대한 공격만 있었다. 민주당은 이러한 선거 전략만 구사해도 무조건 이긴다고 생각했다.

윤석인 새로운 비전 제시를 하지 않았다는 분석인가?

안성용 맞다. 초반에는 많은 이가 국민의힘에서 오세훈이 후보로 나오면 탄핵 국면임에도 결과를 모른다고 생각했다. 또 박근혜 때 탄핵을 한 번 당했기 때문에, 국민의힘은 적당한 시점에 윤석열과 그의 친위 그룹을 쳐내고 변신할 가능성이 크다고 봤다. 권영세, 권성동을 중심으로 '소(小) 영주' 같은 권력을 계속 끌고 갈 줄은 상상하지 못했다. 이 이해할 수 없는 행동 때문에 민주당이 더 좋은 환경을 맞았다. 내부의 권력투쟁이 그만큼 심했다는 것이다. 오세훈과 한동훈이 못 나오니 민주당은 무조건 이긴다고 확신했다.

김문수가 후보로서는 괜찮았기 때문에 41% 득표율을 올릴 수 있었다. 한덕수가 후보였다면 득표율이 더 낮았을 것이다. 김문수는 재산도 없고 깨끗하다는 이미지가 형성되어, 중도층 일부에서도 이재명보다 낫다는 인식이 생겼다. 어차피 질 것이라고 생각하며 망설이던 국민의힘 지지자들도 '김문수가 이재명보다는 낫다'며 다시 모였다. 그 표가 5~6% 정도 된다고 본다.

민주당의 선거 전략과 그 한계

김경민 민주당은 어쨌든 자기 당 후보를 지켜서 결국 대통령을 만들었으니 성공했다. 강력한 자기 시스템을 구축했다는 점에서 높이 평가한다. 다만, 국민의힘이 못해서 이겼다는 한계가 있다. 한국 사회의 양당 체제에서 소위 말하는 '적대적 공존' 방식이 항상 이런 식으로 작동한다는 것을 다시 확인했다.

민주당은 초지일관 로키 기조를 이어 갔다. 정부와 권한대행의 반동, 판사의 자의적 행동 등 온갖 어려움이 있었음에도 자기 호흡대로 간 것은 잘했다. 이재명의 민주당은 대선 승리를 위한 가장 현실적인 경로를 택했다. 창조성이 없었기에 55%를 얻는 데 실패하고 49%만 얻을 수 있었지만, 사정은 광장도 마찬가지였다. 교회를 중심으로 수구가 강하게 치고 나왔기에 다르게 대응하지 못했다.

윤석인 개신교의 '극우 보수 숙주화' 문제는 따로 한번 이야기해 봐야 할 것 같다.

이태호 그래도 51%가 안 나온 것은 조금 의외였다. 어쨌든 단독 과반을 넘지 못했다. 후보 단일화 효과는 별로 없었다.

쿠데타 이후 국민의힘 지지율이 확 떨어졌다가 '탄핵 반대'로 결집하면서 조기에 대선판이 형성되었다. 국민의힘은 박근혜 탄핵 때 너무 물렁하게 대선을 내주었으니, 이번

엔 애매한 사람들을 고립시키고 극우를 끌어들여서라도 단결해야 한다고 판단했던 것 같다. 그리고 이재명 지지층이 뭉친 다음에도 계속 '이재명은 안 된다'는 프레임을 짰다. 선관위가 '이재명은 안 된다'는 내용의 플래카드를 못 걸게 했다가 반발이 세니 이를 허용해 주었고, 플래카드가 전국에 나붙는 걸 보며 국민의힘이 상황을 뒤집으려 한다는 느낌이 들었다. 안성용 이사가 민주당의 대선 소지역별 전략에 대해 평가했는데, 다른 방법이 있었겠나 싶다.

이에 정면으로 맞서면 이재명 죽이기에 적극적으로 대응하는 프레임이 될 가능성이 높았다. 그렇다고 개혁 과제 같은 것으로 이슈를 만들 수도 없었다. 어쩔 수 없이 이재명을 살리기 위해 '안티 이재명' 프레임과 세게 맞붙어야 했는데, 그 역효과로 지지율이 많이 빠졌다고 생각한다.

민주당의 전통적인 문제는 대선에서 지역이 움직이지 않는 것이었다. 김중배 선생이 2012년 대선을 보고 '민주당은 진짜 구제 불능이다. 지역구가 그렇게 안 움직이냐'고 개탄한 것이 생각난다. 그런데 이번에는 이재명 대표가 군기를 바짝 잡았는지 지역구가 다 움직였다. 지역 공약도 냈다. 의사당에 국회의원이 있으면 안 된다는 것이 지침이었다고 한다. 있으면 다음 공천에서 떨어진다는 식이었다. 역사상 처음으로 국회의원들이 모두 대선에 투입된, 자영업자 연합을 넘어선 선거였다. '안티 이재명' 여론을 극복하기 위해 지역의 바닥부터 훑어서 겨우 이겼다. 이재명에 대한 비호감 여론이 여전함에도 불구하고, 총선 이후부터 민주당이 정당으로서 매우 강력해졌다는 것이 당 내외의 공통된 평가다. 이재명이 당의 강한 구심점이 되었다.

백낙청 교수는 이를 매우 높게 평가한다. '권력을 아는 사람이 민주당에 나타났고, 민주화 이후 드디어 파워풀한 정당이 등장했으니 기대할 만하다'는 입장이다. 하지만 나는 이런 강한 리더십 정치가 나중에 직면할 수 있는 위험도 있다고 생각한다.

윤석인 민주당 지역구 전체가 동원된 첫 선거였다. 민주당이 지역 조직들을 일사불란하게 움직인 선거였음에도 득표율이 49%에 그쳤다는 점은 또 다른 한계를 시사한다는 느낌도 든다.

안성용 이재명이 당 대표였고 후보였기에 49%가 나온 것이다. 말씀대로 전 지구당이 모두 움직였다. 특히 기초의원·광역의원 한 명당 2000명에게 특보 임명장을 수여하라고 했다. 나도 엄청 시달렸다. 문자도 오고 전화도 왔다. 한 명당 2000명이니 중복이 얼마나 많았겠나? 그렇게 움직인 것은 사실인데, 만약 후보가 이재명이 아니고 다른 사람이었으면 훨씬 높게 나왔을 것이다. 모든 여론조사 분석가들이 똑같이 말하는 내용이다. 탄핵 찬성 여론이 60%인 데 비해 득표율이 50%가 채 안 되었기 때문이다.

이태호 그렇게만 볼 수는 없다. 문재인 때 41%밖에 안 됐던 것을 상기하면, 이준석이 10%를 가져갔다고 봐야 한다.

안성용 문재인 선거 때는 홍준표가 24%, 안철수가 21%, 유승민이 6.8%, 심상정이 6.2%였다. 문재인과 심상정의 득표율을 합쳐 봐야 47.2%이다. 어쨌든 이재명이 아니었다면 민주당 후보가 훨씬 높게 나왔을 것이라는 가설은 있다.

윤석인 2024 총선 때 '비명횡사' 논란에도 불구하고 민주당이 압도적인 다수당이 된 점에 대해서도 분석이 필요하다. 국민의힘과 득표율은 큰 차이가 없는데 의석수는 확 벌어졌다.

안성용 민주당이 경합 지역에서 거의 다 이겼다. 중요한 점은 그때 조국혁신당은 지역구에는 후보를 내지 않고 비례대표만 내며 민주당을 밀어주었다는 것이다. 또 진보정당들이 경합 지역에 거의 후보를 안 냈다. 몰아주기 덕이다.

김경민 연합정치의 역할이 있었다. 진보당이 많은 지역구에 후보를 공천하지 않았는데, 결국 1위와 2위의 득표율 격차가 5% 미만인 지역구가 서른아홉 군데였다. 녹색정의당 후보가 나온 마포구 갑에서 국민의힘 조정훈이, 도봉구 갑에서 국민의힘 김재섭이 작은 차이로 당선했다. 수도권은 2~3% 차이로 결과가 갈린다. 그래서 윤석열이 기대에 40석 정도 못 미치니 부정선거 운운한 것이다. 2026년 지방선거 때도 후보 단일화를 해야 한다. 민주당은 지방선거 때 준비도 제대로 하지 않고 소수 정당처럼 행동한다. 반면 진보정당들은 지역 기반을 가져야 국회의원도 만들 수 있다.

2025년 6월 3일 대선 이후

민주당의 '우월 정당' 지향과 정치 개혁의 딜레마

안성용 요즘 미국에서 공부한 사람들이 소개하는 '우월 정당론'이라는 게 있다. 한국에서는 박정희의 공화당, 전두환의 민정당이 이에 해당한다. 대통령이 권력을 쥐고 있고, 압도적인 국회 권력도 갖고 있었다. 그때는 지방선거가 없었으니 모두 임명직이었다. 민주당도 2025년 현재 대통령 권력과 국회를 장악했으니 내년 지방선거 때 압승해 일당 지배 체제를 만들고자 한다는 것이다. 우월 정당론과 관계없이 민주당 핵심 인사들이 같은 생각을 하고 있다고 본다. 충분히 명분이 있기 때문이다. 선거의 네 가지 근본이 계급·계층, 지역, 성, 세대 문제인데, 그들의 가장 큰 대의명분은 지역감정 해소다. 한국 정치의 공공의 적이니 없애야 한다는 명분을 가지고 부·울·경과 대구·경북을 공략하고 싶어 한다. 실제로 성과가 나오면 그야말로 우월 정당이 형성되는 것이다.

윤석인 예전에 노태우 대통령이 3당 합당을 할 때 처음 손을 내민 상대는 김대중 평민당 총재였다고 한다. 이를 김대중은 거절했고, 김영삼이 받았다. 그 결과는 3당 연합을 통해 호남을 고립시키는 것으로 나타났다. 조금 전 얘기는 지역감정, 지역주의를 해소하자면서 결국엔 대구·경북을 소외시키고 고립시키자는 것처럼 들린다. 그것이 어떻게 지역주의 극복에 도움이 되겠는가? 이해찬 전 총리가 정치하기 싫다는 문재인을 설득해서 데려온 논리가 딱 그거였다. '당신이 나와서 부산까지 먹으면 우리가 이긴다'는 이야기를 계속 했다고 한다. 그런 것은 선거 공학일 뿐 정치 발전이나 개혁이 아니다. 그 연장선에서 이재명 새 정부도 대선 결과를 이모저모로 분석하고 정치 개혁의 방향성에 대해 고민해야 한다. 듣기로는 국정기획위원회에선 정치 개혁에 대해 별로 논의하지 않는다고 한다. 굉장히 아쉽다.

안성용 핵심을 찔렀다. 우리가 정치를 개혁하기 위해 좌담회도 하고 운동도 하는데, 민주당의 핵심 인물들은 선거 공학적인 생각을 하고 있다. 부산은 전재수, 경남은 김경수, 대구는 김부겸이나 홍의락, 경북은 권오을을 내보낸다는 얘기 등이 그런 예다.

윤석인 이재명 정부 1기 장관과 대통령실 수석비서관들은 다 임기가 10개월이라고 하더라.

이태호 10개월 하고 내보내 지방선거를 이기겠다는 것인데, 역풍이 불지 않을까? 정치에서 그랜드 슬램을 하면 그 다음에는 대체로 독박을 쓴다. 모든 것이 대통령의 책임이 되니 말이다. 물론 곧 지방선거를 하고, 보수 세력은 아직 정신을 못 차리고 있고, 이준석도 타격을 많이 입었기에 지금 분위기로는 이길 것 같긴 하다. 지방선거에서 바람이 불면 기초의회까지 싹 먹는 것 아닌가. 서울시도 시장이 바뀌면 80%가 바뀌니 말이다. 그런데 완전히 일당 체제가 되면 그때부터 위기가 시작될 것 같다.

안성용 '일당 체제는 위험하고 문제적'이라는 건 우리의 시각이다. 민주당 핵심 그룹들은 우리와 다르게 생각하는 것 같다. 정치 개혁에는 관심이 없다. 그래서 우리가 정치 개혁에 관한 의제, 특히 민심이 반영되는 합리적인 시스템으로서 다당제를 계속 말할 수밖에 없다. 그러나 그들은 이렇게 떠드는 사람들을 미워할 것이다.

윤석인 2022년 지방선거는 결과가 정해져 있었다. 윤석열의 대통령 당선 직후에 치러졌으니 당연히 국민의힘이 압승하는 구도였다. 2026년 지방선거는 이재명 당선 후 1년이 지나서 치러진다. 그렇다고 '이재명 정부 중간 평가' 같은 여론이 형성되기는 쉽지 않기에, 무리하지 않아도 민주당이 이길 것이라고 예상하지만, 국민들 보기에 어색한 장관급 인사가 계속되면 역풍이 불 수도 있다. 대통령 비서실장도 지방시대위원회 위원장도 임기 10개월짜리라는 말이 나돈다. 심지어는 국무총리의 서울시장 출마설도 있다. 내란에도 불구하고 국민의힘이 똘똘 뭉쳐 버티는 상황도 큰 문제다. 저들은 전광훈 등과 함께 '자유마을'을 만드는 등

바닥에서 열심히 조직 확장에 나서고 있다. 주민자치회 법제화와 활성화가 정말 절실히 필요하다.

김경민 항상 우리의 모든 이야기는 '12.3으로 정권은 교체됐는데 삶은 안 바뀌었다'는 것에서 시작해야 한다고 주장했다. 선거 기간에 우리의 삶에 대한 이야기가 없었다. 지표도 있어야 했다. '재정은 어떻게 만들겠다', '국민이 어떤 수준의 삶을 살 수 있도록 하겠다'고 내놓아야 했다. '양극화는 어느 정도 줄이겠다', '신자유주의를 탈피한 경제 노선을 따르겠다' 등 기조가 있어야 했다.

윤석인 국정기획위원회에서 기조를 잡고 있는 것 아닌가?

이태호 기조는 사실 매우 명확하다. 작동할지는 모르지만, 성장과 복지를 확실하게 하겠다는 것이다. 문제는 두 가지가 조화가 안 된다. 토목 같은 것도 막 밀어붙인다. 민주주의나 주권을 강조하기보다는. '성장'과 '행복' 두 가지를 강조할 것이다.

김경민 하나는 성장, 하나는 기본 사회. 정책 기조뿐만 아니라 이 두 가지를 함께 달성할 수 있는 메커니즘이 무엇인지에 대한 이론적 기반도 필요하다. 국정기획위원회가 내놓은 사회대개혁 안 가운데 50~60%는 엎어질 것이라고 거의 확신한다. 이재명 정부는 로드맵을 내놓겠지만, 내가 보기에는 충분하지 않다.

이태호 로드맵은 불확실하다. 2026년 지방선거에 캐치올(catch-all) 공약으로 임하려 하니 로드맵이 보이기 어렵다. 대통령 선거운동 역시 비슷했다.

김경민 기후 공약은 엄청난 역풍을 맞을 것이다. 평화 공약에는 기대를 해 보지만 낙관할 수 없다. 분권 자치도 이야기하는데, 분권 자치의 핵심은 결국 세 가지다. 지방자치단체의 입법권·조례권·조세권, 읍면동에서 이루어지는 직접민주주의 그리고 자치 재정 등이다. 이를 실현하려면 행정안전부가 기획재정부와 전면전을 벌여야 한다. 구체적인 프로세스를 하나도 이야기하지 않고 '분권 자치'만 외치면 누가 믿겠는가?

그래서 광장의 비상행동을 해체하면 안 된다고 나는 주장했다. 광장 네트워크를 키워 사회대개혁의 기본 동력을 설계해야 했다. 정권은 교체되었지만 시민사회는 물러나 버린 꼴이다. 박근혜 촛불 때와 똑같다. 5.9 공동선언으로 그나마 사회대개혁위원회 설치 의제를 만들어 놓았다는 점은 다르지만.

윤석인 그런데 지금 사회대개혁위원회 논의마저 제대로 진행이 안 되는 상황이라서 안타깝다.

김경민 이재명 정부가 모양을 잡으려면 최소 2~3개월은 걸릴 텐데 좀 불안하다. 새로운 전략 없이 검찰 개혁 등 기존 과제를 끌고 가는 듯하다.

윤석인 검찰 개혁이나 특검이 중심이 되어서는 안 된다. 국민 통합과 민주개혁 같은 긍정적인 비전이 나와야 한다. 계속 검찰 개혁 이야기만 하는 것은 곤란하다.

김경민 자칫하면 '문재인 시즌2'가 될 가능성이 작지 않다. 문재인 정부도 적폐 청산만 주장하다가 반동에 대응하지 못하고 무너졌다. '몸에 와닿는 메시지'를 내길 바란다. 지금은 메시지가 없다. 청년들이 광장에서 희망을 보았다가 현실로 돌아왔는데, 아무것도 바뀌지 않았다. '그럼에도 우리의 꿈은 계속된다'와 같은 메시지가 없다.

메시지를 내지 않는 것은 결국 진보적인 행보를 하지 않겠다는 것처럼 보인다. 합리적 보수를 품겠다며 김종인, 윤여준, 권오을 같은 인사를 영입한 것은 좋지만 동시에 진보의 공간도 열어 줘야 한다. 산적한 난제를 포퓰리즘으로 해결하려 하면 큰일 난다. 이들이 말하는 타운홀 미팅도 마찬가지다. 이름을 가져와서 포퓰리즘을 위해 사용한다. 그런 것은 타운홀 미팅이 아니다. 타운홀 미팅이야말로 직접민주주의다.

윤석인 이재명 대통령의 개인기는 뛰어나지만 금방 한계에 직면할 수 있다. 이 대통령은 과거 인터뷰 기사 등을 보면, 막판에 분위기가 좋아질 때 자주 말실수를 했다. 대통령이 되었다고 바뀌겠는가? 실수하면 언론이 봐주겠는가? 문제를 개인기로 풀어서는 안 된다.

공론장의 미래

타운홀 미팅과 직접민주주의

김경민 이재명이 타운홀 미팅을 활용하며 시민에 가까이 가겠다는 것은 좋지만, '성남시장 버전2'가 되면 곤란하다. 재개발 문제까지 언급하더라.

윤석인 공론장을 만들기 위해 타운홀 미팅을 한다면 자기 편만 모으면 안 된다. 무작위 추출로 참여자를 모아야 한다. 주관하는 팀이 자신의 이야기를 퍼뜨리기 위해 운영하는 타운홀 미팅은 반드시 부작용을 낳는다.

독일의 '시민 포럼'을 벤치마킹할 필요가 있다. 주요 도시 20여 곳에서 동시에 400~500명이 같은 주제로 포럼 형식의 타운홀 미팅을 해서 주요 의제에 대한 공론을 모으는 방식이다. 성별·세대별 분포가 고르게, 아웃바운드 방식으로 포럼 참여에 동의하는 사람들을 모으는 게 중요하다. 시민 패널을 잘 구성해 전국 모든 지역에서 동시에 진행해야 한다. 자기 편 사람들이나 일부 전문가만 모아서는 안 된다.

김경민 숙의민주주의가 제대로 작동하기 위한 방법들이 있다. 하나는 파리 시민의회처럼 추첨제 민주주의 형태로 조직을 구성하고, 이들이 활동가와 민주적으로 대화하며 창조적인 직접민주주의 생산물을 만들어 내는 방식이다. 두 번째는 타운홀 미팅 같은 진짜 직접민주주의다. 토크빌(Alexis de Tocqueville)이 미국의 연방 헌법, 연방주의를 분석하면서 미국 사회가 가진 가장 강력한 민주주의의 힘이 타운홀 미팅이나 직접민주주의라고 말했다.

현재 세계 기후 운동을 주도하는 곳은 뉴욕이다. 뉴욕에서는 '기후 리더십 및 지역사회 보호법' 같은 매우 좋은 법이 잘 작동한다. 타운홀 미팅의 전통이 강하기 때문이다. 뉴욕 정부가 예산을 지원하고, 많은 활동가들이 결합해 있다. 이것이 직접민주주의의 토대로 작동한다.

윤석인 추첨제 시민의회도 결국 본인 동의를 구한 사람들을 모으는 방식일 수밖에 없다. 전국의 각 지역에서 동시에 똑같은 정보를 제공받고 서로 다른 모든 주장을 공유해 내부 토론과 학습을 거친 다음, 동일한 주제를 동시에 토론하며 민주적으로 의사결정을 하는 것이다.

이태호 그것은 '미니 퍼블릭(mini-public)', 즉 시민 패널 방식이다. 개헌이나 정치 개혁에 관해 전국을 순회하면서 시민 패널 토론을 열 수 있다. 근데 예전에 국회에 개헌 공론화를 위한 시민 토론을 제안했더니, 중간 보고서를 국회가 만들어서 지역 순회 보고대회 같은 일방적인 방식으로 해치우고 말더라. 그런 방식이면 곤란하다.

윤석인 지금은 개헌 문제만이 아니라 다양한 공론장을 만들 때 시민의회 방식을 어떻게 활용할 것인가를 논의하고 있다.

이태호 시민 패널도 결국 대의제다. 추첨으로 500명을 뽑든 1000명을 뽑든, 심지어 만 명을 뽑든 결국 추첨되지 않은 사람은 참여할 기회가 없다. 접근이 제한되어 있고 개인의 의지로는 참여할 방법이 없으니 그 시기에 의제화되고 다중의 관심사가 될 수 있도록 분위기를 함께 만들어 주는 것이 공론화에서 매우 중요하다.

방송으로 생중계를 하더라도 분위기가 만들어져 있지 않으면 의미가 없다. 정부와 국회가 어떤 안건이 매우 중요하다고 분위기를 조성하는 과정의 맨 마지막에 공론화가 배치되어야 한다. 공론화를 알리바이 차원에서 형식적으로 진행하면 당연히 대표성 시비가 생긴다. 대통령이 의제별 공론화위원회를 만들겠다고 공약했지만, 빌드업을 잘 해야 한다.

김경민 100% 동의한다. 한편 시민정치의 현안은 국회 교섭단체 요건 완화라고 생각한다. 국회법 개정을 통해 요건을 20석에서 15석으로 낮춰야 한다. 시민사회는 정치적 공간의 역동성을 운영하는 중심 매개다. 국회법 개정은 정당 원탁회의에서도 합의했고, 광장대선시민연대가 제기한 연석회의에서도 합의했지만, 그들은 하지 않을 것이다. 그러나 소수 야 4당에는 이를 밀어붙일 동력이 없고, 또 4당 사이에도 이해관계가 있다. 국회법 개정을 가능하게 하는 힘이 정당 안에 없으므로 지렛대로서 시민사회가 관여해야 한다. 이렇게 시민정치를 하는 과정에서 시민사회가 자신이 가진 힘의 효능감을 느낄 수 있다.

두 번째 현안은 시민정치 운동의 차원에서 민주당에게 철저하게 개입하는 것이다. 시민정치 운동은 민주당이 중도 보수로 이동하면서 비운 공간을 진보정치가 현실화할 방안을 민주당에 요구해야 한다. 권력을 잡은 민주당과 협력하는 것도 중요하지만, 정치 생태계의 다변화와 구성원의 효능감 제고를 위해 정치 프로세스에 집요하게 개입해야 한다.

윤석인 2024년 12.3 계엄으로부터 2025년 6월 대선을 전후한 시기까지 긴박하게 진행되어 온 정치권과 시민사회, 광화문광장의 상황을 주요 쟁점별로 살펴보며 의견을 나누었다. 잘 준비된 좌담은 아니었고, 토론을 통해 결론을 모으는 형식도 아니었지만, 향후 시민정치와 진보정치 관련한 논의에 중요한 소재가 되길 바라면서 아쉽더라도 이렇게 마무리하겠다.

02
시민정치

시민정치의 역사와 현안 과제

시민정치의 역사

윤석인 이제 시민정치를 주제로 논의를 진행하면 좋겠다. 시민정치를 어떻게 볼 것인가? 한편으로는 시민들이 정치에 관심을 가지며 자발적으로 참여하고 투쟁하는 시민정치가 있고, 다른 한편으로는 시민사회단체들이 정치적인 중립을 기본으로 하면서 정치에 개입하는 방식의 시민정치가 있다. 두 측면을 다 고려하면서, 그동안의 시민정치 변화 과정에 관해 논의하고 평가도 했으면 한다.

안성용 1989년에 경실련이 출범했고 1993~1994년에 여러 시민단체가 만들어진다. 시민단체는 줄곧 실질적인 영향력을 행사하다가 2000년 낙천·낙선 운동으로 정점을 찍고, 그 이후 약화된다.

2011년 박원순 서울시장 당선을 기점으로 시민사회단체가 네트워크의 힘을 통해 본격적인 정치 세력이 됐다. 그러나 시민사회단체들은 진보정당들과 성격이 달랐다. 민주당 인사들과 인적인 관계는 있었지만, 민주당과는 더 달랐다. 2016년 총선 전까지는 시민사회단체, 진보정당, 민주당 전체가 힘을 모아도 국민의힘 계열보다 약했다.

그러다가 세월호 참사와 박근혜 정권의 국정 난맥상이 판을 흔들었다. 2016년 총선에서 민주당이 123석, 새누리당이 122석을 얻으며 민주당이 앞섰고, 민주당 출신 안철수의 국민의당이 38석을 얻어 여소야대가 됐다. 그 뒤부터 박근혜 탄핵 국면까지 반정부 세력의 힘이 상승했다. 중요한 것은 2008년 광우병 촛불부터 2016년 박근혜 퇴진 때까지 광장과 무대를 만든 세력은 크게 진보연대와 연대회의 두 그룹이었다는 사실이다. 이들은 집회 전문가가 되었다.

시민단체들이 의제 중심으로 활동하며 급박한 상황에서는 광장의 집회를 주도하긴 했지만, 그들의 운동 이론이나 담론이 부재하다는 점을 크게 지적할 수밖에 없다. 한국행정연구원의 '사회통합실태조사'를 보면, 시민단체에 대한 기관 신뢰도는 2013년 50.5%에서 2024년 45.5%로 떨어졌다. 열여섯 개 기관 가운데 5위에서 12위로 추락하며 종교계에도 밀렸다. 그럼에도 2016년, 2024년에 광장 연합이 가능했던 것은 많은 이들이 멋있게 표현하는 대로 '대중의 역동성'이 있기 때문이다. 이런 전통이 우리 사회에 내재해 있다는 점이 중요하다.

이태호 조금 보충할 점이 있다. 시계열로 볼 때 '시민정치' 입장에서 다른 맥락이 있다. 2000년 낙천·낙선 운동은 시민정치 운동이 아니라 시민사회단체 운동의 정점이었고, 시민사회 운동이 시민정치 운동으로 나아가는 변곡점이었다. 시민정치 운동이 그때부터 활발해졌다.

그전에도 시민정치 활동은 있었지만, 그것은 진보정당을 만들기 위한 운동이었다. '시민정치'는 낙선 운동이 만들어 낸 개념이다. 그 후 10년 동안 당선 운동을 해야 하는지 여부가 시민사회에서 논쟁거리였는데, 결과적으로 시민정치를 앞세워 당선 운동도 해야 한다고 주장하는 사람들이 등장했다. 박원순과 이재명이 그들이다. 2000년 낙선 운동 이후 참여연대 지역 네트워크들도 같은 주제로 크게 논쟁했다. 그때 중앙 참여연대는 하지 않는다는 입장이었고, 그것이 박원순의 입장이었다. 지역에서는 해도 된다는 입장이 있었고, 그것이 이재명의 입장이었다. 성남시 활동가들이 논의를 주도했다. 대구, 충북, 성남 등 국민의힘 계열이 우위인 지역에서 지역 정치부터 개입하겠다며 정치 개입을 시작했다. 이재명은 한 번 낙선한 뒤 성남시장이 됐다. 박원순은 정치에 진출하지 않고 버티다가 41일간의 백두대간 산행을 마친 후 입장을 바꿔 서울시장 후보로 나섰다. 이재명·박원순이라는 쌍두마차가 그때 생겼다. 민주당이 에너지를 잃고, 정의당과 진보당도 깨져서 2000년대 진보정치 시대의 동력을 잃고 있을 때, 이 정당정치 '춘궁기'의 자원 부재를 대체한 것이 시민정치 운동이었다.

이 시기에 '내가 꿈꾸는 나라' 같은 시민정치 운동체가 만들어지고, 1990년대에 형성된 시민운동의 에너지가 계속 정치권에 충전됐다. 그것이 반신자유주의 운동과 연결되어 진보연대도 역할을 했다. 당시는 반신자유주의 운동이 본격화하던 시기이기도 했다. 진보정당들의 고전에도 불구하고 진보연대는 반신자유주의 대중운동에서 일정한 역할을 했고, 진보정당의 에너지원으로 기능했다. 이들의 운동도 한국 시민정치 운동의 한 축임에 틀림없다.

시민운동과 노동운동 그리고 이들 운동을 포함하는 다양한 층위의 시민정치 운동이 광장을 열었고, 결국 2016년의 세월호 사건이 정치 판도를 바꾸는 핵심 계기가 됐다. 세월호 가족들이 버틴 것이다. 이 에너지로 민주당이 싫어서 나온 사람들의 국민의당이 오른쪽으로 가는 것을 겨우 막아 여소야대를 만들었고, 세월호 참사를 막지 못했을뿐더러 과잉 대응했던 박근혜가 다른 문제까지 같이 엮여 탄핵되면서 판이 확 뒤집혔다. 정당의 공백을 시민정치가 메워 대연합을 형성하는 데 성공한 결과다. 다른 나라에서는 2010년 이후 이미 반신자유주의 전선이 급속도로 와해되고 연합이 깨지는데, 한국에서는 세월호라는 비극과 시민정치라는 에너지가 있어서 2018년까지 예외적인 민주주의 성장을 이룰 수 있었다.

그런데 시민운동 혹은 시민정치 운동의 위기는 이 역동적인 승리를 계기로 본격화했다. 이미 다른 나라에서는 페미니즘, 기후 위기 대응 운동이 자리를 잡은 반면, 한국은 이 문제에 뒤늦게 뛰어들었다. 아무리 시민정치가 민주주의 성장에 역할을 했더라도 우리나라는 정치적 다양성에서는 후진국이고 편협한 안보 국가였기 때문에 이 문제들을 다룰 시민사회의 힘도 취약했다. 그 결과 페미니즘과 기후 위기 대응 운동이 주류화하는 과정에서 시민사회 운동과 진보정당 운동 등은 전에 없는 위기와 몸살을 겪고 있다. 리더십이 교체되는 과정이기도 하다.

그래서 표면적으로는 시민운동이나 진보정당은 약화와 균열을 겪고 거대 정당은 점점 더 강력해지는 것처럼 보이지만, 보이는 것이 전부는 아니다. 주류 정당은 아직 우선순위 전환과 리더십 전환의 파고를 겪지 않았다. 이 파고를 만들어 내고 있는 사람들은 아직 주류가 되지 않았다. 세계가 전반적으로 보수화되고 있어 파시즘의 시대가 오거나 강한 리더의 시대가 당분간 지속될 수도 있다. 하지만 주류 정치에서도 리더십이나 우선순위의 전환이 반드시 일어날 거라 믿는다.

윤영상 이태호 위원장이 이재명과 박원순이 시민정치의 한 지류로서 민주당 정치에 들어가는 과정과 논쟁을 설명했다. 시민정치의 인적 자원이 기성 정치에 들어가는 이런 현상에 대한 논의가 필요하다.

김경민 시민사회는 기본적으로 플랫폼 역할을 했다. 엘리트들이 시민사회라는 플랫폼에 모였고, 그중 자발적으로든 영입을 당해서든 정당으로 가는 사람들이 있었다. 시민사회는 엘리트를 정치권에 자원으로 제공하지만, 이 세력을 결집하고 정당들을 조율하면서 방향을 제시하는 '그랜드 마스터 플랜'을 가진 적이 한 번도 없다. 이론이 없기 때문이다. 다만 시민사회가 무의식적으로 차용한 이론이 있는데, 그것은 바로 신사회 운동이다. 포스트모더니즘이라는 세계적인 유행에서 발생한 하위 운동 논리다.

신사회 운동은 약점이 있다. 유럽의 20세기 운동은 전체주의와의 투쟁이었기 때문에 신사회 운동은 권력을 구성하려는 의지를 거세했다. 스탈린주의와 히틀러의 파시즘과 투쟁하면서, 전체주의를 극복하려다가 스스로 전체주의가 되어서는 안 된다고 생각했기 때문이다. 그래서 신사회 운동의 이론서들은 스스로를 '저항 운동'이라고 규정한다. 히피 운동 같은 반문화 운동도 있지 않나. 이러한 흐름이 신사회 운동이라는 논리로 최근까지 이어지고 있다.

박영선 교수가 〈한국 시민사회의 연대 운동 진단 - 시민사회단체연대회의를 중심으로〉라는 보고서에서 시민사회단체연대회의 20년사를 정리했는데, 박 교수의 글에서 가장 눈에 띈 내용은 운동이 '분절화'되어 있다는 것이었다. 분절화는 신사회 운동의 고유한 특징이다. 구사회운동이나 사회주의 정당 운동, 노동조합 운동은 모두 계급에 기반한 총론이 있었다. 그러나 신사회 운동은 총론을 갖지 말자는 기치 아래 운동을 지역 운동, 여성 운동, 환경 운동, 소비자 운동, 인권 운동 등으로 분절화했다. 이 분절화가 연대회의의 기본 형태다.

그러나 한국에는 민주화 투쟁과 반식민지 투쟁의 전통, 통일 운동의 전통이 있어서 단순히 분절화만 될 수는 없는 역사적인 압박이 있다. 그래서 네트워킹은 되고 있다고 봐야 한다. 다만 내가 앞서 있었던 시민운동을 '시민정치 운동'이라고 부르는 데 반대하는 이유는 앞서 말했듯 시민사회가 시민정치 운동을 부정하는 운동을 해 왔기 때문이다. 솔직히 말하면 시민사회에서 정치권으로 이전한 사람 중에 시민운동의 이념을 제도권 정치 안에서 구현하려고 끊임없이 노력한 사람도 없다.

이태호 김경민 총장은 그럴듯한 논리로 포장하고 있지만, 주장의 근거가 취약하다. 시민정치를 넓게 해석하든 좁게 해석하든 하나를 선택해서 논지를 전개하시라. 메타 이론이 없는 것은 한국 시민운동만이 아니다. 신자유주의 말기를 사는 누가 자신은 메타이론이 있다고 자신 있게 주장할 수 있나. 한국 시민운동은 한 번도 '신사회 운동적'이었던 적이 없다. 다른 나라에 낙선 운동을 위해 1000개 단체가 모여 기준 하나로 선거에서 60명을 한꺼번에 낙선시킨 사례가 있나? 그때부터 한국은 유럽의 신사회 운동과는 완전히 달라졌다. 낙선 운동에 반대했던 경실련도 온갖 문제에 관여해 좋은 말로는 통전적 시민운동, 냉소적으로는 백화점식 운동을 전개하고 여러 정치인을 배출했다.

한국 시민운동은 한 번도 순수했던 적이 없다. 이번에 비상행동 안에서 정치 연합에 관한 성명서를 제안하고 합의하고 발표하는 것 역시 시민운동이 주도했다. 참여연대가 제안하고 초안도 쓰지 않았나.

윤석인 시민정치라는 말 자체에 모순성이 있는 것 같다.

김경민 과거에 소위 '민민운동'이 있었다. 그런데 누군가가 시민운동을 제안했다. 그 제안 주체는 YMCA다.

이태호 참여연대는 그것을 거부하면서 '우리는 민민운동의 연장'이라고 창립 선언문에 썼다.

김경민 그랬다. 질서 있는 퇴장론자들이 참여연대를 만들었다. 참여연대는 시대 변화에 맞춰 전략적으로 시민사회를 선택했는데, 그 이후 '시민사회'라는 것이 무엇인지 규명하고 이론적으로 설명하는 과정을 게을리했다.

그래서 어떤 일이 생겼는가. 진보와 시민운동은 필요에 따라 합치기도 하고 나뉘기도 한다. 그러나 서로 무엇이 다르고 무엇으로 구별될 수 있는지를 모른다. 자신을 정리하는 언어가 없기 때문이다. 참여연대는 신사회 운동을 열심히 했다. 대표성을 가지고 시민운동의 중요 특징인 미시적 담론에 굉장히 천착하는 방식으로 정착했다.

이태호 김경민 총장이 그렇게 주장하는 이유는 박원순을 곧 참여연대로 보기 때문이다. 박원순에겐 분명히 그런 면이 있었다. 하지만 참여연대에는 김중배도, 오재식도, 박원순도, 김기식도, 이태호도 있다. 이태호는 30년간 아직 여기에 있다. 왜 이들을 모두 하나로 치환하나.

윤석인 그렇다면 김경민 총장이 생각하는 시민정치 운동은 무엇인가?

김경민 나는 아리스토텔레스의 말처럼 인간은 정치적 동물이고, 인간의 모든 행위는 정치적이라고 생각한다. 시민단체가 하는 모든 활동은 시민정치 운동이다. 하지만 시민정치 운동을 사회운동의 한 장르로 규정하고 정당과 선거라는 정치 구조 속에서 시민사회의 역할이 무엇인지에 한정해 고민해야 구체적인 운동 과제가 나온다고 생각한다.

윤석인 정당이나 노조가 정치 활동, 정치투쟁을 하는 것은 당연하지만, 정치투쟁을 당연시하지 않았던 시민사회단체의 정치 개입에 관하여 이야기를 하자는 것이다.

김경민 시민사회가 답해야 할 두 가지 질문이 있다. 하나는 적대적 공존 체제라는 한국의 특수한 양당 구조를 어떻게 혁파할 것인가, 다른 하나는 정권이 바뀌고 나면 시민사회가 퇴각하는 현상이 반복되는 이유가 무엇인가이다. 윤석열 때도 그랬고 박근혜 촛불 때도 그랬다. 한국은 4.19 혁명 이래 끊임없이 이를 반복했다. 왜 그런가? 왜 시민운동은 정치 운동을 통해 새롭고 인민 친화적인 정치 질서를 만드는 것을 과제로 삼으면 안 되는가?

내 발상은 쿨하다. 바디우(Alain Badiou)나 지젝(Slavoj Žižek)이 강조하는 '개입(intervention)'에서 큰 영향을 받았다. 어떤 집합이 원소로 이루어질 때, 그곳에는 항상 부분집합으로서 공집합이 있다. 정당들은 아무리 열심히 해도 자기 정당의 이익을 위해서 움직인다. 인민을 위한 정치는 항상 2순위, 3순위로 밀리거나 정파 투쟁 안에서 매몰되어 사라진다. 모든 집합이 공집합을 부분집합으로 가질 때, 정치 주체로 간주되지 않는 주체가 보편적 요소를 가지고 개입해 이 공집합의 공간을 대체하는 것이 시민운동이다. 그것을 통해서만 한국 사회의 문제를 해결할 수 있다.

2025년 대선 때도 '광장대선연합정치시민연대'라는 것을 만들어 제대로 된 토론도 없이 5+1 합의와 공동선언을 이끌어 냈으나, 그 외의 단체들은 모두 철수했다. 광장을 떠난 청년들은 '광장은 우리 이야기를 들어 줬지만, 현실은 하나도 바뀌지 않았다'고 말한다. 이 격차를 어떻게 해소할 것인지가 시민정치 운동의 현안이다.

윤석인 시민사회단체들은 광장에 모여 무언가를 이루면 퇴각하고 결국 양당에게 뒷일을 맡기는 모습을 반복적으로 보여 왔다. 이번에도 '광장대선연합정치시민연대' 하나 남았지만, 그것도 제 역할을 못 하고 있다. 이러한 문제 제기를 바탕으로 시민정치 운동이 무엇이고 어떻게 변해야 하는지에 대한 논의가 필요하다.

이태호 기본 전제에는 동의한다. 정당만으로는 문제를 해결할 수 없기 때문에 방법에 대한 고민은 여러 가지다. 정당을 통한 해결책, 제3의 방법 등 복잡한 이야기가 있었다. 참여민주주의, 숙의민주주의 같은 이야기도 나왔다. '4.19부터 촛불까지 운동 이후에 시민사회의 퇴각이 반복되었다'는 것은 극단적인 평가다. 그 뒤로 시민이 참여할 수 있는 제도나 정치 제도는 계속 바뀌어 왔다. 우리가 비판하는 민주당의 성격도 변화해 왔다. 그렇기 때문에 더 구체적으로 좁혀서 지금 토론의 대상으로 삼는 시민정치가 과연 무엇인가 하는 문제도 이야기해 봐야 한다.

시민정치와 대표성 문제

이태호 '광장시민연대' 같은 시도에는 대표성 문제가 생길 수 있다. 광장에서는 어느 누구도 대표를 위임하기 어렵다. 위임은 아주 제한적인 수준에서 이루어진다. 하지만 왜 여전히 '광장시민연대' 같은 공간이 존재하는가? 그것은 과거 시민들이 참여할 수 없었던 시절에 앞장섰던 리더십이 아직 남아 있기 때문이다. 원로들의 리더십도 있고, 시민사회 리더십도 아직 존재한다. 그 리더십은 박원순-이재명처럼 다변화되는 과정에 있다. 그래서 이번 광장연대에서 리더십을 행사하는 것에 대한 비판도 있지만, 그럴 만하다는 평가도 있다.

그러나 시민정치를 담아낼 공간을 앞으로 어떻게 구성할 것인가는 전혀 다른 문제다. 연합정치를 추구할 수도 있고 시민의회를 추구할 수도 있다. 지금도 정당과 시민사회가 사회대개혁위원회를 만들어 함께 운영하자는 제안과 시민사회의 참여와 숙의를 보장할 국가시민참여위원회를 두자는 제안이 공존하지 않는가. 이처럼 시민정치에 관한 견해는 다를 수 있다.

김경민 간단히 말하면, 모든 시민의 에너지가 결국 현 정치체제 안으로 흡수되는데 국민의힘이 아닌 민주당으로 흡수되었으니 된 것 아니냐는 해석도 가능하다.

이태호 아니다. 시민정치에 관한 논란은 본질적으로 대표성 문제다.

김경민 운동은 필연적으로 현 체제를 초월하려는 것이다. 국가가 시민의 요구를 다 품지 못하고 왜곡된 구조를 지속하기 때문에, 현 시스템을 초과하는 욕망을 현실적인 제도정치 안에 담으려 한다. 하지만 100% 담을 수 없으니 운동은 계속될 수밖에 없다. 결국 시민사회의 역할은 국가와 정치 시스템을 지속할 수 있도록 만드는 것이다.

이태호 원론으로 들어가지 말아 달라. 시민정치라는 구체적 형태가 어떤 대표성을 가질 수 있느냐고 질문한 것이다.

김경민 최근에는 시국회의, 진보연대, 연대회의 이 세 주체가 시민정치 운동을 해왔다. 시민의 대표성은 투표 과정을 통해서만 구성될 수 있다. 문제는 대표성이 아니라 주체성이다. 주체성을 가진 주체들이 모여서 일을 하면 되는 것이다. 나는 이 세 주체가 상당한 정도의 대표성과 힘을 가지고 있다고 생각하며, 현 정당 구조가 미흡하게 다루는 부분에 개입하면서 레버리지를 형성하고 있다고 본다. 대표적인 사례가 2024년 총선에서 병립형을 막은 것이나, 연합정치를 통해 소수 정당들이 민주당의 관리 대상이 아니라 주체로 설 수 있게 한 것이다. 정치 생태계의 다원화는 2017년 촛불 혁명 이래 가장 중요한 정치 현안이다.

한국 시민사회 운동과 세대 변화

시민사회 운동과 시민정치 개념의 변천

윤석인 민주화 운동을 해 온 사람들이 중심이었던 집회의 성격이 질적으로 바뀌게 된 계기는 2008년 광우병 촛불이었다. 당시에는 주부들이 아이들을 데리고 나왔고, 민주화 운동, 시민사회 운동 리더들이 연설하면 듣지 않고 딴짓을 하거나 뒤돌아 앉으며 지도부의 리더십을 인정하지 않으려는 움직임을 보였다. '너희들이 뭔데 대장 노릇 하려 하냐'는 분위기였다. 하지만 박근혜 탄핵과 윤석열 계엄을 거치면서 지금은 세 개의 단체(시국회의, 진보연대, 연대회의)가 어느 정도 리더 그룹으로 인정받을 수 있는 것 아니냐는 시각도 있다.

한때 광우병 촛불 등에 대해 '지도부 없는 운동'이라며 중요한 전환점이었던 것처럼 이야기하는 분도 있었는데, 나는 지도부 없는 운동은 절대 발전하지 않는다고 했다. 실제로 광우병 촛불이 끝난 뒤 몇몇 자생 그룹이 희망제작소를 찾아와 촛불 이후 발생한 문제들에 대한 자문을 구하며 특정한 역할을 해 달라고 부탁하기도 했다. 물론 지금은 그런 상황은 아니다. 그러나 여전히 시민사회가 제도권 정치와 적절한 거리를 유지하려는 데서 오는 문제가 계속 지적되고 있다고 생각한다.

안성용 시민정치가 실제로 운영되는 방식을 보면, 2002년부터 2025년까지 20년 이상 평상시에는 시민사회단체들이 성명서 발표, 캠페인, 행사를 많이 해 왔다. 그러다 의제가 커지면 집회와 시위를 한다. 대규모 단체일수록 정당과 함께 제도 개선을 위한 노력을 많이 한다. 선거 때가 되면 각 정당에 정책을 제안하거나 특정 후보에 대한 반대 운동을 한다. 2008년 이후에는 민주당뿐 아니라 진보정당들도 다양하게 지지하는 행동이 강화되었다.

대중행동과 관련해서 보면, 2002년 효순·미선 사건 때와 2008년 광우병 때는 많이 달랐다. 2008년에는 참여자들이 당시 운동 지도부를 견제하고 거부하는 방식도 취했다. 2014년 세월호 때도 유사한 현상이 있었다. 2016년 탄핵 국면에서는 성격이 완전히 전환되었다. 이때부터는 일반 시민들이 반정부 운동, 정권 퇴진 운동이라는 것을 인식하고 이에 참여했다 당시에도 언론은 '시민사회단체의 대표자들은 리더이지만, 일반 시민들은 그들과 결이 다르다'고 계속 이야기했다. 하지만 민주노총에 조끼를 입거나 깃발을 들고 나오지 말라는 요청에 대한 동의는 2008년보다 훨씬 많아졌다. 2019년부터 2024년까지도 유사한 방식으로 진행되다가, 2024년 쿠데타 이후 사람들이 나섰을 때는 즉각적인 정권 퇴진 운동이 되면서 성격이 또 전환되었다.

정리하면, 시민사회단체가 시민정치 운동의 대표자로서 다양한 활동을 할 때 일반 시민들은 주로 관심을 보이거나 후원하는 정도로 있다가, 사회적 의제가 커지면 좀 더 결합하고, 본격적인 반정부 운동 즉 정권 퇴진 운동이 일어나면 주체로 나선다. 조직에 소속된 사람들도 있지만 개인 자격으로 나서는 사람들도 많다. 참여연대 회원이라 해도 참여연대 깃발로 모이지 않고 자기 동네 사람들과 함께 나와 이야기하고 행동한다. 이러한 구분이 논의에 도움이 될 것이다.

윤영상 김경민 총장과 이태호 위원장의 논의는 연대회의 내부나 시국회의와 진보연대 사이에서 벌어지는 논의에서 매우 중요한 쟁점이다. 안성용 위원장의 분류법도 의미가 있다. 4.19 이후 역사에서 중요한 정치적 상황마다 시민들이 거리로 나왔고, 이는 반독재 민주화 운동의 대중적 분출로 이해되었다. 1987년 이후에도 그랬다.

대중의 행동 양식을 해석하는 의미에서의 시민정치 개념과 시민사회단체가 말하는 시민정치 개념을 구별할 필요가 있다. 1970~1980년대의 '재야'는 반독재 민주화 운동을 하고 민주당에 영향을 주었으며, 부문 운동과 정치 운동을 결합하는 매개 역할도 했다. 하지만 1987년 이후 그 한계가 드러났다. 그 뒤로 참여연대, 경실련 같은 전통적 재야와는 다른 시민사회의 모습이 등장했다. 그리고 낙천·낙선 운동, 매니페스토 운동, 정책 감시 운동 등이 나왔다. 이런 흐름 속에서 연대회의, 시국회의, 진보연대로 분화된 현 상황이 나타났다. 따라서 시민정치를 하나의 개념으로 정리하는 것 자체가 현실을 무시하는 일일 수 있다.

연대회의의 시민정치 개념이나 진보연대의 시민정치·광장 정치 개념은 상당히 단순하다. 진보연대는 여전히 전통적인 NL 계열의 정치결사체 운동 틀 속에서 움직이기에 설명하기 쉽다. 하지만 시국회의는 설명하기 어렵다. 시국회의는 옛 재야의 모습을 지녔으면서도 새로운 시대적 상황에서 정당이 아닌 시민정치의 공간을 만들려고 한다. 시국회의 조직 통합 논의에서 중요했던 것 중 하나가 시국회의가 생각하는 시민정치 개념을 어떻게 정의하고 활동 양식을 어떻게 세울 것인가였다.

군소 진보정당들도 진보연대나 시민사회단체들과 뒤섞여 존재하면서 시민사회의 정치성을 드러내고 있다. 상황이 그러하다 보니 시민정치와 진보정치 개념도 참여연대, 시국회의, 진보연대나 민주노총, 정의당이나 진보당 등의 정치성이 혼재된 모습으로 나타난다.

따라서 시민정치와 광장 정치의 성과를 시민사회 전체의 제도적 발전으로 간주할 것인지 군소 진보정당이나 대중조직의 성과로 간주할 것인지에 대한 논쟁이 벌어진다. 특히 민주노동당, 정의당, 진보당 등 진보정당 노선을 강조하는 흐름에서는 이 논의가 매우 중요하다. 도덕적 절대주의와 노선 절대주의에 빠져 대중성과 현실성을 잃어버리고 있다는 비판이 계속되어 왔기 때문이다. 이 논쟁은 지금도 계속되고 있다.

요약하면, 시민정치 개념을 둘러싼 다양한 설명이 존재한다는 것을 인정해야 한다. 특히 군소 진보정당 운동이 성공하지 못하고 다양한 형태로 분화되면서 생긴, 시민사회 운동의 정치성 논쟁과 결합된 설명도 존재한다는 것도 인정해야 한다.

시민정치와 정당정치의 관계

김경민 동의한다. 다만 군소 정당의 활동은 정당 활동으로, 새로운 정치 질서를 만들려는 주체의 행동은 시민정치로 구분하는 것이 맞다고 생각한다. 이를 섞으면 안 된다. 정당은 정당으로서 자신을 성립해 나가야 하며, 그러지 못하면 해산하면 된다.

윤석인 초점은 열린 광장에서 많은 시민이 들고일어나 싸웠지만, 진보정당들이 그들을 흡수하는 기능을 거의 못 했다는 것이다. 거꾸로 말하면, 광장으로 쏟아져 나오는 시민들은 정치적으로 굉장히 성숙하지만, 그들과 진보정당의 입장 사이에 상당한 간극이 있다는 것으로도 볼 수 있다.

이태호 윤 박사와 내가 1990년대에 논쟁했던 내용이다. 나는 학생운동을 하다가 진보정당 활동을 하자는 제안을 받았지만, 당시에는 정파 논쟁을 하기 싫어서 제안을 수락하지 않았다. 시민운동을 통해서 원하는 바를 이루겠다, 진보정당 운동은 10년 뒤에 하겠다고 생각하고 참여연대에 들어왔다. 그 후 2000년 낙선 운동에 대한 논쟁이 있었다. 노회찬 전 의원은 낙선 운동이 판 갈이가 아닌 개별 인물만 바꾸는 운동이라며 한계가 있다고 비판했다. 우리는 좀 서운

했다. 모두가 진보정당의 공간도 키우고 선거법 개정도 하려고 운동하지, 누가 개인을 바꾸려고 운동을 하냐. 알 만한 분이 왜 우리를 비판하냐고 생각했다. 하지만 솔직히 이해되는 부분도 있었다. 어쨌든 당시엔 현실적으로 시민운동이 정치적 개입의 주인공이 되고 진보정당 운동은 상대적으로 덜 부각되었다. 정당 운동을 하는 처지에선 시민운동의 정치 개입에 한계가 있다고 지적해야 진보정당의 공간이 생긴다.

한국 시민정치는 매우 복잡하다. 시민운동을 하는 많은 주체들이 단순히 '순수한 시민운동'을 지향하고 그것만을 위해 활동하고 있다는 생각은 착각이다. 과거에만 그랬던 것이 아니다. 현재 시민단체의 젊은 활동가 중 상당수가 여전히 진보정당을 지지하고, 체제 전환을 꿈꾼다.

정유현 세 개의 리더 그룹들이 광장을 이끌었지만, 여기에 속하지 않았던 군소 정당(녹색당, 노동당, 정의당)이나 체제 전환을 말하는 단체들은 또 다른 무리를 지어 활동했다. 그리고 거기에 속하기 싫었던 20~30대 여성들도 분명히 있었다. 시민들은 생각보다 더 정치적이었다. 정당에 소속되지 않은 사람들과 이야기를 해 보면 그들도 상당히 정당에 가입하고 싶어 한다. 하지만 민주당에 가입하고 싶지는 않은 것이다.

정치의식이 높아져 양당정치에 거부감을 느끼는 이들의 다른 대안에 대한 갈급함이 엄청나다. 누군가 새로운 정당을 만들면 가입하겠다는 의지를 표현하는 시민들이 많지만, 그 대안을 만들어 내지 못하는 것이 지금 진보정치의 현실이다. 민주당에 소속되어 그 안에서 조국혁신당이나 진보당처럼 싸우는 것은 굉장히 어려울 것이다. 사실상 불가능한 이야기다. 대통령제를 없애자는 논의부터 하지 않는 이상 양당 체제에 내부 균열을 내기는 어렵고, 모두 민주당으로 흡수될 수밖에 없다. 바깥에서 새로운 정당을 만드는 것만이 살길이겠지만 굉장히 지난한 길일 것이다.

김경민 연합정치가 현 단계에서 매우 중요한 정치 운동 과제다. 분단 상황에서 대통령중심제가 불가피하고 우리나라 국민들이 직선제 개헌을 포기하지 않을 것이라는 전제하에, 대통령제에서 연합정치는 '결선투표제'가 핵심 동력이다. 조국혁신당을 주목해야 한다. 만약 조국혁신당이 대선까지 가서 15% 지지율을 유지할 경우 다음 정부는 무조건 연합정부가 될 것이기 때문이다.

결선투표제는 동서 구도에서 의원들에게도 유리하다. 또 국회의원 선거에서 선거제도의 비례성을 강화하고 연동형을 도입하면 상당한 수준의 연합정치가 가능한 제도가 만들어질 것이다.

윤석인 결선투표제 논의를 하기 전에, 시민정치 운동 주체로서 시민사회단체 또는 그들의 활동 목표를 실현하는 기구나 집단의 형성이 현실적으로 가능한지 또는 그런 것을 형성하려는 시도가 있는지 묻고 싶다.

김경민 가능하다고 생각한다. 하지만 '기계적 정치적 중립'은 경계해야 한다. 기계적 중립성은 현실 세계에 존재하지 않는 개념이다.

그럼에도 시민정치는 중립적이어야 한다. 정치 공간에 개입해 전 국민에게 의미 있는 정치 질서를 만들어 내야 하기 때문에, 다양한 정치 세력들을 견인하고 비판하며 연합해야 한다. 다만 시민사회는 가이드라인과 정치 지평을 제시하고 합의를 이끌어 내는 역할을 해야지, 직접 플레이어가 되어서는 안 된다. 실무 정치의 플레이어는 정당이기 때문이다. 2024년 총선 때 '국민후보' 활동을 통해 얻은 4석이 모두 민주당으로 간 것은 시민사회가 플레이어를 할 능력도 없고 해서도 안 된다는 것을 보여 준다. 플레이어가 되는 순간 이해 당사자 중 한 명이 되어 보편적 지평을 주장할 수 없다. 다만 국민후보로 얻은 지분은 진보정당들에 배분되어야 했다.

안성용 시민사회단체 세 그룹(연대회의, 진보연대, 시국회의)이 왜 계속 시민정치 운동이라는 방식으로 움직일 수밖에 없었는지가 가장 중요하다. 민주당은 독자적으로 국민의힘과 맞서 싸워 이긴 적이 없었고, 민주당 밖의 세력과 힘을 합쳤을 때만 성과를 얻었다. 그리고 민주당이 집권하면 한국 사회에 필요한 각종 제도 개선을 이야기하는 역할은 시민사회의 몫이었다. 즉 시민사회는 민주당이 집권하기 위해 필요한 세력이었다.

개혁 세력에는 전통적인 의미에서 세상을 완전히 뒤엎으려는 사람들과 현실적으로 하나씩 개혁하려는 사람들이 있는데, 불행하게도 한국 사회는 개혁조차 원하지 않는 사람들이 힘을 가진 사회다. 한편 개혁 세력은 예전에는 정치개혁에 관심이 많았지만, 최근에는 불평등과 양극화, 젠더, 생태 문제에 관심을 많이 가진다. 과거 민주당이나 민주노동당 그리고 환경 운동 단체를 제외한 나머지 시민사회단체들은 생태나 젠더 문제에 공조하지 않았다. 하지만 지금은 공조한다. 이런 공조가 많으면 많을수록 국민의힘 계열이 집권했을 때 야당인 민주당도 제한적으로 공조해 왔다.

역으로 민주당이 집권했을 때는 시민사회단체와 진보정당이 공조해 더 많은 의견을 개진했다.

시민사회단체들이 실제로 정당들과 어떤 관계를 갖고 정치 활동을 해왔는지가 중요하다. 시민정치를 한국에서 '장르화'하려면 이런 과정들을 성찰하고, 어떻게 해야 상시적인 힘을 만들어 낼 수 있을지 고민해야 한다.

이태호 2024년 총선의 '연합정치시민회의'는 시민정치에 대한 동일한 상을 가지고 모인 것이 아니다. 진보연대는 전선 운동의 일환으로 참여했고, 연대회의는 정치 개혁을 위한 연합정치가 필요하다고 보아 개입했다가 총선 국면에서 빠졌다. 끝까지 이를 시민정치 운동 조직으로 발전시켜야 한다고 주장하는 일부가 있었지만, 다수는 그러지 않았기에 연합정치시민회의의 실험은 거기서 끝났다. 이번에는 그런 구상이 맞지 않아 시민사회단체들은 아예 연합에 참여하지 않았다. 시민정치 운동에서 이탈했는가 여부로 이야기하면 안 된다.

정당에 직접 개입하는 운동은 미국 같은 곳에 있다. '선라이즈 무브먼트(Sunrise Movement)' 같은 그린 뉴딜 운동단체의 활동이 그 예다. 하지만 이런 운동은 역설적으로 시민정치 운동 혹은 진보정당 운동이 약했던 곳에서 일어난다. 거대 정당이나 대선 후보와의 파트너십을 상정하지 않으면 안 되는 곳에서 이런 종류의 시민정치 운동이 일어난다. 이를 한국에 도입하려니 진보정당 운동을 포기한 채로 가야 하는가 하는 생각이 들어 아직 전면화시키지 못하고 있다. 낙선 운동 이후 소위 '시민정치' 운동을 했던 사람들이 어디로 갔는지 생각해 보라.

윤석인 시민정치 운동을 하나의 새로운 장르나 흐름으로 만들고 싶어 하는 움직임이 있다. 반면 윤영상 박사는 진보정당 운동이 재편되거나 진보하기를 희망하는 듯하다.

윤영상 시민정치 운동에 관해서는 연대회의와 시국회의 양측의 입장을 존중한다. 서로 다른 입장이 미래에 어떤 모습으로 귀결될지 무척 궁금하며, 그것과 공존할 수 있는 한국의 진보·혁신 정치 운동이 무엇일까 생각한다. 정의당이나 노동당, 진보당은 그런 미래로 가는 과정에서 역기능을 수행할 가능성도 있다고 생각한다.

개인적으로는 조국혁신당을 창당할 때 새로운 형태의 진보정치 운동을 꿈꾸었다. 하지만 한계를 많이 느껴 절망했다. 지금 혁신적인 운동의 물줄기를 다시 세울 수 있을지 고민하고 있다.

윤석인 시민사회 운동이 정치에 개입한 가장 큰 사건은 박원순의 서울시장 출마였다. 나는 출마 자체를 반대했지만, 시장이 되고 얼마 지나지 않아 곧바로 민주당에 입당하는 것을 보고 충격을 받았다. 민주당의 압력이 있었겠지만, 만약 입당하지 않았더라면 진보정당 운동은 아니어도 시민후보 출신 서울시장이 민주당과 경쟁하는 모습을 보여 줄 수 있었을 것이라는 아쉬움이 있다.

이태호 박원순은 안철수보다도 지지율이 낮았고, 민주당의 도움을 받아 당선되었다. 현실을 인정한 것이다.

김경민 시민사회의 유력한 지도자가 서울시장 후보로 나가고 시민사회의 일원들이 그를 지지하며 선거운동을 하는 것은 플레이어로서 활동하는 것이다. 물론 시민사회의 주체가 국회의원이 되거나 대통령실에 가는 것은 좋은 일이지만, 그것이 시민정치 운동은 아니다. 시민정치 운동은 시민사회에서의 운동 경험을 살려서 국가를 시민 친화적이고 유연하게 만드는 기능을 수행해야 한다.

윤석인 나는 1970년대 후반부터 운동권이었는데, 그때 운동은 곧 민주화 운동이었다. 당을 만들자는 사람은 소수였다. 대다수는 노동·농민·문화 등 부문별 운동에 참여하면서 연합체를 꾸려 민주화 운동을 했고, 그러다가 '민주통일민중운동연합'(약칭 민통련)이 각 부문과 전체 지역을 망라한 연합체로 만들어져 민주화 운동 진영의 중심체가 되었다. 그때 사람들은 자신이 민주화 운동을 한다고 생각했지 정치를 한다고 생각하지 않았다. 그러다가 이해찬 등 일부 세력이 6월 민주항쟁과 노태우의 6.29 선언 이후 김대중 후보에 대한 비판적 지지 운동을 하고, 김대중이 대선에서 패배한 뒤 '평화민주통일연구회'(약칭 평민연)를 만들어 김대중의 평화민주당에 입당했다. 평민연을 통해 운동권이 대거 정당정치로 이전했다.

2010년 지방선거를 앞두고 시민정치론이 대두했을 때도 나는 시민정치보다 시민사회 운동이 더 중요하다고 생각했다. 물론 개인의 정치 참여를 말리거나 비난할 생각은 없었지만, 시민정치 세력을 독자적인 정당으로 만들겠다는 생각을 피력하는 인사들은 거의 없었다. 오히려 대부분 민주당을 끼고 무언가 하려고 했고, 그것이 결정적인 한계였다고 기억한다. 물론 비슷한 시기에 보수 양당의 적대적 공존 구조를 타파하기 위한 제3당 운동을 기획하고 시도한 사람이 없지는 않았다. 하지만 제3당 운동으로는 선거에서 이길 자신이 없다고 생각하는 사람이 다수였다. 대체로 시민정치 주창자들은 민주당과 손을 잡는 전략을 취했다.

시민정치의 변화와 2030 청년들의 개인화

윤석인 하지만 최근 들어서 시민정치의 성격이 크게 달라지고 있는 것 같다.

김경민 2016년 촛불 이후 정치학자들이 '다중'이라는 개념을 썼다. 2016~2017년 촛불 때, 2024년 계엄 때 모인 것도 다중이었다. 그런데 우리는 이 다중과 만나는 방식을 모른다. 이 사람들의 계급성 혹은 시민성만을 바라보며 만나고 있다. 새로운 방식으로 정치적 공간에 참여하는 다양한 시민들과 교감하는 방식이 매우 서툴렀다. 그래서 운동이 진행되면서 세력이 약화됐다.

윤석인 다중, 군중에 관한 이야기를 이어서 해 보자. 정유현님이 12.3 내란 이후 시민들의 모습에 대한 총평, 특히 응원봉과 관련된 총평을 해 주면 좋겠다.

정유현 리더 없는 운동, 조직되지 않는 운동이 지금 세대 운동의 특징인 것 같다. 많은 사람들이 파편화되어 유랑하거나 관광객처럼 떠돌아다니는데, 이것을 하나의 운동이라고 부를 수 있는지에 대해서는 의견이 갈리는 것 같다. 정권 퇴진 운동 같은 엄청난 사건이 아닌 이상 대중, 특히 20~30대 청년들은 '동원'이라는 말 자체에 거부감을 느낄뿐더러 동원되지도 않는다.

기후 위기는 중요한 문제이지만, 일상에서 정말 모두가 중요하다고 생각하는지 체감하기 어려운 이슈이기도 하다. 광장에 나온 사람들은 '주변 사람들이 모두 민주노동당을 찍을 줄 알았는데 민주당을 찍었다'고 말하기도 했다. 더 이상 '우리가 다 같은 사람들'이라고 말할 수 없을 정도다. 때에 따라 민주당을 찍을 수도, 조국혁신당을 찍을 수도 있는 사람들이 굉장히 많아졌다는 생각이 든다. 이런 사람들을 어떻게 모으느냐가 핵심일 텐데, 모을 수 없을 것이라는 이야기가 많이 나온다. '왜 모아야 하는가?'에 대한 답이 아직 없는 것 같다.

윤영상 본질적인 문제다. 어떤 사람들은 시민들을 모아야 한다고 주장하지만, 정작 자발적으로 광장에 참여한 시민들은 누군가의 목적을 위해 조직되고 이용되는 것을 싫어한다.

안성용 특정 정당이나 단체와 무관하게 나온 20~30대 여성들이 많았고, 그래서 그들이 눈에 많이 띄었다. 행동 양식도 달랐고 응원봉이 있었다는 것도 중요하다. 선진국인 한국 사회에서 태어나고 자라서 각종 문화 활동을 가장 많이 하지만, 동시에 차별과 공포감을 느끼고 있는 그들의 문화가 광장을 압도했다.

이들은 자신이 원하지 않는 것은 할 필요가 없다고 생각한다. 또래 집단 전체가 그렇다. 그런데 20대와 30대만 그런 것이 아니다. 40대부터 50대 초반까지의 어머니들은 자기 자식이 가장 중요하다. 그 이전 세대에게는 '우리'라는 의식이 배어 있다. 적어도 50대 중반부터는 어떤 아이를 봐도 '우리 자식'이라는 이름으로 자기 자식처럼 대한다.

기저에 공동체가 깔려 있던 사람들의 세계가 어떤 시점부터는 개인과 가정의 안위 그리고 경제가 중심인 세계로 바뀌었다. 그 세계가 이미 오늘날의 사회 전체를 압도한다. 이 점을 폭넓게 고려하지 않는 사회단체, 정당, 사회적 과제에 대한 설명은 많은 사람에게 동의받기 어렵다. 결정적인 기점은 IMF 구제금융 사태였다. 시민정치 운동 진영은 IMF 사태 이후에 우리 사회가 겪은 근본적인 변화를 깊이 있게 연구하고 그 대안을 정립해 나갔어야 했다. 정당 역시 자기들끼리 권력을 잡느라 바빠 이 부분에서 미흡했다.

윤영상 젊은 세대의 개인화가 심화하고 있는 것은 사실이지만, 단정적으로 일반화하면 안 된다. 코로나를 비롯한 다양한 원인이 있다.

김경민 단정해서 말하겠다. 20대에서 30대 중반까지의 특성은 딱 두 가지다. 하나는 신자유주의를 철저하게 내면화했다는 것이고, 다른 하나는 민주주의가 완전히 제도화된 사회에서 성장했다는 것이다. 그래서 언어가 두 개다.

2024년에 YMCA에서 대학원생들이 청년대회를 하며 낸 성명서를 보고 그들을 이해하게 되었다. 청년들이 강조하는 기후 위기, AI와 디지털 정의, 양극화 해소는 우리와 공유하는 주제다. 하지만 네 번째 주제는 '자기 계발'이었다. '평화'가 빠져 있었다. 평화가 빠진 것은 괜찮다. 그들에게 평화가 와닿지 않으니 어쩔 수 없다. 그런데 '자기 계발'이 젊은이들의 핵심 주제인 것은 우려된다. 이는 문제가 생기면 자신의 능력을 강화해서 해결해야 한다는 주장을 함축한다. 반면 우리 세대는 '연대'를 핵심 가치로 생각하며, 문제가 생기면 힘을 합쳐 해결해야 한다고 생각했다.

민주주의 사회에서 성장했다는 것은 무엇인가? 우리는 12.3 계엄을 들으면 곧바로 광주와 피, 투사를 연상한다. 하지만 광장의 청년들은 그렇지 않다. 자신들의 일상에 정부가 개입하는 것에 불쾌감을 느낀다. 언어가 완전히 다르다. 그들은 우리가 민주화 투쟁을 통해 낳은 '적자(嫡子)'인데, 정말 훌륭한 아이들이다. 다만 문제는 우리가 IMF 사태를 겪은 뒤 김대중이든 노무현이든 문재인이든 모두 철저하게 '문제는 자신이 해결해야 한다'는 신자유주의 논리를 학교나 직장 등에서 그들에게 내면화시킨 것이다.

이태호 안성용 위원장 등의 의견에 동의하지만, 개인화의 원인을 신자유주의로만 단정해서도 안 된다고 생각한다. 그러면 답이 없다. '나'에 대한 관념이 발전한 것은 사실이다. 특히 2016년 촛불에서는 '국가란 무엇인가'라는 질문과 함께 '국가는 나에게 무엇인가'라는 질문이 붙었다. 연구자들은 이것을 '나들의 연대'라고 분석했다.

개인이 주어로 등장한 데에는 코로나19도 분명 큰 영향을 미쳤을 것이다. '나'의 등장을 세대 문제로만 접근하면 이야기가 복잡해진다. 굳이 세대 문제를 이야기하려면 우리 모두를 '현세대'로 보고 분석해야 마땅하다. 어떤 이는 가족주의가 문제라는 식으로 분석하기도 한다. 전통적 가족주의와 신자유주의적 개인주의가 합쳐져 우리나라가 더 개인화했다는 분석이다.

하지만 그런 식으로 틀을 짜 버리면 '구원의 길' 또는 '이

행의 길'을 도출할 방법이 없다. '나'가 강조되는 것은 전 세계적 현상인데, 그럼에도 불구하고 2016년에는 '나들의 연대'가 이루어졌다. 촛불을 들었던 '나들'에는 진보만이 아니라 보수, 중도도 꽤 많이 포함되어 있었다. 다 함께 '나들의 연대'를 이루었다. '나'가 강조되는 것이 문제가 아니다. '나들의 연대'는 왜 깨졌나? 촛불 개혁에 실패했기 때문이다. 그 후 윤석열의 '갈라치기', '적을 내세워 연명하는 정치'로 인해 '나'를 강조하는 것의 부정적 측면, 다시 말해 혐오와 각자도생의 악순환이 시작됐다. 윤석열이 '내 편에 안 선 놈들은 다 빨갱이'라며 정치적 양극화를 심화시키자 '나들'은 짜증이 났지만 나서지 않았다. 문재인 정부 때 모여 연대해 봤지만 재미를 보지 못해서였다. 그런데 국가가 계엄 같은 충격적 방식으로 내 삶에 불쑥 들어와 버렸다. 이 극단적인 후퇴 앞에서 '나들'도 불가피하게 동원되었다. '이대남'조차도.

김경민 정말 죄송하지만, 이태호 위원장의 분석이 큰 문제라고 생각한다. 나는 그들이 '다른 인종'이라고 생각한다. 지금의 20대와 우리 세대는 사고방식이 완전히 다르다는 것을 전제해야지, 그들과 우리에게 '나'라는 일관성이 있다고 생각해서는 안 된다.

이태호 그들이 와서 '내가 너와 다른 인종이다'라고 이야기해야지, 우리가 '너는 나와 다른 인종'이라고 이야기하면 문제가 된다.

윤석인 IMF 사태로부터 문제가 비롯된 것은 맞다고 본다. 그즈음에 이미 제기됐던 문제들에 제대로 대처하지 않은 탓에 사회가 '고용 없는 저성장'으로 빠지면서 엄청난 양극화가 나타났고, 그 양극화 과정에서 살아남기 위한 '나들'이 만들어졌다. 그래서 입에 붙은 말이 '헬조선'이다.

김경민 딱 하나만 말하겠다. 민주주의를 우리 세대는 거대 담론으로 이해하고, 젊은 세대는 일상 담론으로 이해한다. 왜 우리 50대, 60대가 '꼰대'인가? 우리는 민주주의를 위해 헌신적으로 싸워 온 세대가 맞다. 피도 흘리고 고통도 받았다. 그런데 '아버지가 실천하는 일상의 민주주의'는 우리가 잘 모른다. 부모가 맨날 민주주의를 이야기하고 민주당을 이야기하지만, 젊은 세대의 미시적이고 일상적인 삶의 권력 체계에서 만나는 그들은 민주적이지 않다.

윤영상 IMF, 신자유주의적 세계화 모두 중요한 계기였지만 그것이 핵심이라고 말하고 싶지는 않다. 하나의 요소일 뿐이다.

한국에서 기성세대와 젊은 세대의 소통 부재 문제는 매우 중요한 시기였던 2016~2019년을 잘못 보낸 결과라고 평가한다. 덧붙여 한국 안에서도 20대 여성들뿐 아니라 20대 남성들이 기성세대와 소통하려 노력하는 흐름이 있다. 20대가 20대의 방식으로 공동체를 생각하는 움직임도 있다. 민주사회주의자를 자처하는 미국의 샌더스(Bernard Sanders)나 영국 노동당 소속이었던 제러미 코빈(Jeremy Corbyn)이 20대에게 선풍적인 인기를 끄는 것을 보면, 소통 단절이 우리나라의 독특한 젠더 갈등 때문이라고 일반화기는 어렵다. 20대, 특히 20대 남성들과 소통할 수 있는 고리를 제대로 잡아내지 못했기 때문에 발생한 문제다.

이태호 '이대남', '이대녀'를 불가해하거나 완전히 다른 존재로 취급해서는 안 된다. 그러면 세대 문제는 영원히 풀리지 않는 문제가 된다. 어떤 사람은 신자유주의 체제에서는 계급 문제가 가장 중요하며, 다른 세대를 계속 타자화하면 문제가 더 꼬인다고 말한다.

정유현 기성세대와 젊은 세대가 실질적으로 많이 다르지 않다. 다만 모아 줄 사람이 없다는 점, 모여야 할 이유를 찾기 어렵다는 점이 젊은 세대가 겪는 문제라고 생각한다. 50대, 60대는 '깃발 아래 모여!' 하면 다 모였다. 그 세대들은 그렇게 연대하면서 운동도 했지만, 동시에 부동산도 가지면서 잘 살았다. 그런데 지금은 그런 깃발도 없고, 그런 깃발을 모을 수 있는 선배들도 없는 것 같다. 연대가 불가능하고 부동산도 가질 수 없다. 각자도생하며 경쟁에서 살아남아야 한다.

윤석인 우리는 젊을 때부터 '계급 문제냐 민족 문제냐' 이러면서 컸는데, 지금은 그런 논쟁이 거의 사라진 것은 아닌지.

김경민 근본적으로는 계급 문제라고 본다. 보편성은 계급 문제, 자원 배분의 문제인데, 그 문제를 설명하는 방법이 문제다.

시민사회와 정당의 역할, 연합정치의 필요성

정치 공간을 설계하는 시민 주체

윤석인 이어서 시민정치 운동과 연합정치, 진보정치의 미래 등을 주제로 이야기해 보자.

김경민 정치권력이 한국 사회의 미래 비전 혹은 세계사에 공헌하는 방법을 모색하려면 정당 문제에만 집중해서는 안 된다. 정당과 시민사회의 가장 큰 차이는 정당은 집권을 비롯한 자신의 정치적 이익을 실현하는 집단이라는 점이다. 진보정당도 마찬가지다. 이런 점 때문에 아무리 다양한 정당이 있더라도 그들이 사회의 방향성을 디자인할 수는 없다. 이해관계 때문에 합의가 어렵다. 따라서 보편 정치나 민중을 위한 정치를 실현하기 위한 사회적 토대, 시민 기반의 정치 세력이 필요하다.

시민사회 세력이 정치 주체가 될 때 알랭 바디우가 말하는 '진리 정치'를 만들 가능성이 생긴다. 시민사회는 정당을 연합시키고 정치 생태계를 구상하며 정당들을 우리가 가진 보편성으로 통합하는 작업을 하는, 즉 정치 공간 전체를 디자인하는 주체다.

윤석인 김 총장의 주장은 시민 개개인들이 자발적으로 움직이며 정치적 견해를 표명하는 데 그치지 말고, 시민사회단체가 특정 시기에 또는 일상적으로 '진리의 정치' 개념으로 정치에 개입하자, 간섭하는 것이 아니라 디자인하고 계획하고 개입하자는 것이다. 2024년 총선 때의 '국민후보'처럼 직접 플레이어로서 참여하는 일은 하지 말자는 전제로.

나는 정치 개입이 불가피한 실천이라고 이해해 왔지만, 김 총장의 시민정치론은 시민사회가, 시민단체들이 적극적으로 나서서 개입해야 한다는 주장으로 들린다.

김어준 현상의 문제점

이태호 이 논제와 관련해 미리 짚어야 할 것이 있다. 연대의 점성이 떨어지는 시기, 시민사회가 게토화되는 시기, 보수 시민단체가 정치적으로 세력화하는 시기 등과 맞물리는 것이 김어준의 부상이다. 2008년과 2016년 촛불 사이에 일어난 매우 큰 변화 중 하나가 2011년 〈나는 꼼수다〉의 등장이었다. 광장에 있던 시민사회단체의 깃발에 대한 거부감이 약간 있었고, 보수의 공격에 대해 전통적 운동권 세력과는 다른 방법이 있다는 모습을 보였다. 다소 노사모의 잔당을 끌어모으는 형태였다.

〈나꼼수〉는 장단점이 있었다. 당시 신자유주의 위기 이후 가열되었던 사회적 약자들의 일련의 점거 운동(4대강 댐 반대 운동·쌍용자동차 해고자 운동·강정 해군기지 반대 운동 등)을 공론화하는 데 크게 기여했다. 시민단체나 노조가 미흡했던 부분에서 시민의 에너지를 모으는 역할을 한 면도 있다. 그러나 이후에 점점 정치적인 유목민들을 자극하여 동원하는 구조로 변해갔고, 그 전략이 성공하자 자신이 대통령도 만들 수 있다는 듯한 자신감을 보였다. '겸손은 힘들어졌다'는 것이다. 2024년에는 시민사회와 김어준 세력이 부딪혔다. 김어준의 방식은 '정치 개혁 신경 쓰지 마, 그냥 옛날 방식으로 다수를 얻어. 진보정당 고려할 필요 없어. 병립형으로 가자'였다. 반면 시민사회는 연합정치와 선거제도 개혁이 필요하다는 입장을 견지해 그들 사이에 긴장이 있었다.

〈나꼼수〉는 조·중·동에 대한 '안티 조선' 같은 운동이다. '우리가 미디어 해 버리자'며 팟캐스트 같은 새로운 시도를 했다. 이것이 참여민주주의의 총아가 될 줄 알았지만, 공론장을 무너뜨리는 역할도 했다. 온갖 음모론, 부정선거론이 거기서 나왔다. '믿거나 말거나', '아니면 말고' 식의 태도가 생겨났다.

윤석인 나는 처음부터 〈나꼼수〉가 마땅치 않았다. 팩트 확인 대신 의혹 제기가 앞서고 패널들끼리 낄낄거리며 상대를 모욕하기 일쑤였기 때문이다. 강준만 교수가 〈나꼼수〉 이후 생겨난 김어준 현상의 문제에 대한 책 《정치 무당 김어준》을 내기도 했는데, 여기서 김어준 현상을 본격적으로 다루면 시민정치가 매우 어둡게 보일 수도 있을 것 같다.

예컨대 시민운동은 성장을 안 하는데 시민단체 활동가

상당수가 정치권으로 가면서 상황이 참 묘하게 되었다. 그들이 나가면서 자신을 알리기 위해 반드시 들르는 곳이 〈김어준의 뉴스공장〉이었다. 그때마다 '이게 지금 뭐 하자는 거지?' 하는 생각이 들곤 했다.

김경민 유튜브 알고리즘을 이용한 운동이 됐다. 〈나꼼수〉는 이명박 정부에 대한 저항으로 시작했는데, 구독자 대부분이 민주당 지지자이다 보니 민주당 기관지가 돼 버렸다.

이태호 전광훈이 국민의힘을 장악하기 전에 이미 민주당은 〈나꼼수〉에게 먹혔다는 이야기도 나왔다.

김경민 주류 권력이다. 구독자가 100만 명이 넘는 〈스픽스〉는 조국혁신당, 민주당과 지지층이 겹친다. 그리고 〈매불쇼〉도 있다. 2020년 총선 때 조성우 선생과 내가 하승수 변호사와 함께 정개련을 만들었을 때 곧바로 참여연대가 정개련은 위성정당이라고 성명서를 냈다. 내가 알기로는 이해찬 당시 민주당 대표와 합의된 것이었다. 조성우 선생은 진보당과 녹색당이 원내 정당이 될 절호의 기회고, 정의당은 13석 정도 주면 올 것이라고 자신 있게 전망했다. 그런데 영향력이 강한 참여연대가 성명서를 탁 내니 정당성이 갑

자기 훅 떨어졌다. 그러고 나서 정개련은 무산되었고, 민주당은 위성정당인 더불어시민당을 만들었다. 그때 뒤통수를 친 사람이 있었고, 그 뒤 하승수는 이제 〈나꼼수〉에도 〈스픽스〉에도 안 나간다.

안성용 정개련이 만들어질 때 나는 참여하지 않았다. 그때 선배들을 만나 '실패할 것이다. 민주당을 믿으면 절대 안 된다'고 이야기했다. 선배들은 그럴 리 없다고 했지만, 결국 엉망이 되었다. 나중에 만나 술을 마셨는데, 그때서야 속은 것 같다고 하시더라.

내가 참여하지 않았던 이유는 진보정당들이 하나로 합쳐야만 실질적인 성과를 얻어낼 수 있다고 보았기 때문이다. 그때는 정의당이 원내 정당이었고, 진보당은 원외 정당이면서 노동당이나 녹색당과도 관계가 좋지 않았다. 또 당시 대표였던 심상정 전 의원이 매우 강한 힘을 가지고 있었기 때문에 진보 4당을 하나로 모으는 것 자체가 어려웠다.

시민정치와 연합정치

김경민 2024년 2라운드는 '진보정치연합'을 실현하는 것이었다. 나는 정당성을 가지려면 연대회의와 진보연대가 함께해야 한다고 생각했다. 여기에 비상시국회의가 들어와 삼자가 다 모인 것이다. 논의의 쟁점은 연동형이냐 병립형이냐였다. 그때 이태호 위원장이 앞에서 얘기한 것처럼, 김어준은 대놓고 병립형을 밀어붙였다.

윤석인 그런데 나중에 이재명 대표가 뒤집어 연동형 유지를 발표했다. 뭔가 뒷얘기가 있을 것 같은데….

김경민 이재명 대표가 병립형으로 가면 이태호가 이 대표를 '낙선 후보 1번'으로 올린다는 것이었다.

이태호 과장이다. '우리가 누구를 당선시킬 수는 없어도 떨어뜨릴 능력은 있다'는 정도로 이야기했다.

김경민 뒷얘기를 조금 더 하겠다. 내가 이태호에게 병립형으로 회귀하면 이재명을 낙선 후보 1번에 올린다는 게 사실이냐고 물으니 '맞다'고 했다. 그래서 이 대표 측근을 만나 이 사실을 전했다. 그랬더니 그가 '시민단체가 피켓 들면 칼 맞는다'고 말하더라. 그래서 '바쁜데 왜 우리가 피켓을 듭니까? 이 대표를 조·중·동의 먹잇감으로 던져 주지, 우리가 왜 합니까?'라고 말했다. 그의 얼굴색이 변하더니 5~6일 후에 광주에서 연동형 유지를 발표했다.

시민은 정치의 전 과정에서 원하는 정치를 제안하고, 그것을 실현하기 위해 압박하고, 실제로 결과를 만들어야 한다. 그렇게 하려면 시민사회 운동이 필요하다.

이태호 직접 정치에 개입하는 것만을 시민정치로 보는 관점은 너무 협소하다. 큰 틀에서는 참여연대가 참여자치지역운동연대 같은 전국 네트워크를 구축해온 것도 시민정치다. 참여연대는 지금도 시민정치를 하고 있다. 여기서 분화된 박원순과 이재명도 시민정치를 한 것이다. 이재명이 대통령이 된 것 자체가 시민정치고, 〈나꼼수〉 같은 시민정치도 있는 것이다. 2024년 총선을 앞두고 시민정치의 1/n에 해당하는 프로젝트가 있었는데, 그것이 '연합정치시민회의'라는 프로젝트였다. 연동형 비례대표제를 지키는 방식으로 시민정치를 하려는 프로젝트 그룹이었다.

이 프로젝트 그룹을 마치 시민정치 운동의 모체이거나 모든 것인 양 전략적 의미를 부여한 사람들이 있었다. 또 연합정치 세력의 승리를 위한 유권자 운동을 조직적으로 진행하고 총선에 개입하되 민주당으로 들어가지 않는 것이 시민정치라고 주장했던 사람들도 있었다. 진보정당을 강화하겠다는 속셈을 가지고 참여한 그룹도 있었다. 참여연대 등은 연동형을 지키고 민주당 왼쪽의 진보정당이 의원들을 많이 확보하는 조건을 만드는 정도의 목적을 가지고 이 프로젝트 그룹에 참여했다. 시민단체들이 왜 이 기획의 끝까지 함께하지 않았느냐고 묻는다면 답은 단순하다. 프로젝트의 목적과 끝에 대한 이해가 달랐던 거다.

김경민 다시 원론으로 돌아가서 생각해 보자. '권력은 바뀌었는데 우리 삶은 안 바뀌었다.' 여기에서 시작하자는 것 아닌가? 2020년에 연동형 비례대표제를 위해 열심히 노력했다. 원하는 바를 제대로 얻지는 못했지만. 이것은 촛불혁명을 계승하는 의제다. 그 취지는 '정치 생태계의 다원화'다. 다른 말로 하면 양당의 적대적 공존 체제를 무너뜨리자는 이야기다. 적대적 공존 체제로는 한국 정치의 미래가 없다는 생각이었다. 그래서 '정개련'을 만들었다. 하지만 그때 시민사회의 폭넓은 합의 없이 어떤 일을 하는 것은 한계가 분명하다고 생각했다. 그래서 2024년에는 연대회의, 진보연대, 시국회의가 함께 만들었다. 민주당이 이를 수용할 수밖에 없었던 것은 반윤석열 투쟁이 절실했기 때문이다. 시민단체가 지렛대 역할을 한 것이다. 그런데 '잡놈들'이 중간에 병립형으로 회귀하겠다고 난리법석을 쳤다. 연동형 비례대표제를 주장한 민주당 의원들이 80여 명도 있었다. 〈스픽스〉는 강력한 연동형 비례대표제 지지자였다. 김어준 방송과는 경쟁 구도였다.

2024년의 연합정치가 매우 중요한 두 가지 이유가 있다. 첫째, 통합 비례정당을 통해 연합정치의 기본 틀을 출범시킨 최초 사례다. 둘째, 통합 비례정당 구성과 의석 배분을 통해서 지역구 후보 단일화를 할 수 있었다. 지역구 단일화를 하지 못했다면 총선의 압도적인 승리는 없었을 것이다.

윤석인 2024년 총선 때 지역구 단일화를 위한 야권의 움직임이 언론의 주목을 받지 못했던 것 같은데, 실제로는 논의가 진행되었다는 이야기인가?

김경민 진보정당이 처음에는 수도권에 모두 후보를 내겠다고 했다. 내가 아는 바로는 민주당은 전주, 울산 등 몇 개 선거구에서는 경선을 한다고 했다. 나머지는 비례정당 의석 배분을 전제로 지역구에 후보를 내지 않은 것이다. 지역구 단일화를 할 수 있는 제도적 매개가 통합 비례정당이었다. 이재명이 이를 '준(準)위성정당'이라고 말하며 사람들을 바보로 만들었지만, 사실 독일에는 이미 이런 제도가 있다.

시민정치와 정당정치의 효능감

윤석인 시민정치라는 개념 아래 적극적으로 정치 개혁을 위한 기획과 디자인을 해야 한다는 게 김 총장의 명확한 견해인 것 같다. 연합정치의 활성화가 목표 중 하나이자 목표 달성의 핵심 수단이고. 그런데 그것이 모든 시민정치의 목표는 아닐 듯하다.

그리고 정당도 자체 기획 기능이 있을 텐데, 현실에서는 그 기능이 겉으로 잘 드러나지 않아서 정당 활동의 효능감이 크게 떨어지는 것 같기도 하다.

김경민 우리나라는 정당의 효능감이 너무 없다. 이런 말 하면 좀 그렇지만, 보수는 부패해서 망하고 진보는 분열해서 망한다. 그런데 민주당은 분열하지 않는다. 보수니까. 민주당은 이해관계를 따라 이합집산하는 당이다. 그 이상을 민주당에 바라면 너무 많은 것을 바라는 것이다.

이태호 김어준은 '총수'다. 큰 공론장을 만드는 것 같지만 의외로 민주적이지 않다. 그런데 지금 사람들이 제일 많이 가는 정당이나 노조는 민주적인가? 민주적이지 않다. 그러나 거기에 가는 사람들은 그래도 그 안에서 최소한의 민주적 효능감을 느낄 수 있다. 어쨌든 그곳에서는 대표도 뽑고 대의원도 뽑고 공천도 하면서 '당원 민주주의'를 향유한다. 그렇다면 지금 노조나 정당이 구현한 만큼의 민주주의를 실천하는 곳이 있는가?

시민사회는 대표를 이사회에서 뽑거나, 참여연대처럼 상임집행위원회에서 내정하면 운영위원들이 추천해 총회에서 선출한다. 하지만 모두 형식적인 절차일 뿐이다. 고정회비를 내는 사람이 줄어들고, 콘텐츠 구독하는 정도로만 관여하는 경향이 생기는 것도 당연하다. 의사 결정권이 없는데 구독만 하면 되는 것 아닌가? 충실한 회원이 될 이유는 없다. 시민단체의 공적 기능이 줄어든 것은 아니다. '꿩 잡는 게 매'라고 시민단체는 정치권을 견제한다. '애드보커시(advocacy, 권리 옹호와 주창)'를 하는 기능이 아직은 어느 정도 있다. 그러나 그 자체가 민주주의의 대안은 아니다.

윤석인 그렇다면 민주주의의 대안은 무엇인가.

이태호 솔직히 민주주의의 대안이 무엇인지는 모르겠다. 날이 갈수록 민주주의가 세상을 구하는지도, 민주주의가 존재하는지도, 민주주의가 무엇인지도 점점 더 모르겠다. 시민의회를 만들면 민주적인가? 시민의회도 제비를 뽑은 대의제라는 느낌이 강하다.

윤석인 새로운 대의제나 직접민주주의를 많이 논의하는

데, 사실 직접민주주의도 한계가 명확하다. 읍·면·동에서의 직접민주주의는 그래도 조금 더 유의미할 테지만.

이태호 그것도 어렵다. 먹고살기 힘들고 바쁜 사람들은 참여하기 힘들다.

시민정치와 사회조직의 변화

윤석인 통신 혁명, SNS의 발달 등을 통해 정치에 관심 있는 사람들은 대체로 어느 한 진영에 줄을 서서 움직이는 경향이 생겼다. 개인들이 어느 쪽에 줄을 서든 자발적으로 시민정치를 하는 것일 텐데, 달리 보면 그들이 마치 진영 정치에 묶여 있는 듯한 느낌을 받는다. 물론 시민사회 운동을 해온 사람들이 논의하는 시민정치의 의미는 조금 다르다. 그들은 진보를 지향한다.

그런데 박근혜 탄핵 사태 전후에 만들어진 보수 시민단체들은 진보 시민단체보다 훨씬 더 조직적으로 활동하고 있다. 이런 시민정치의 다양한 모습을 염두에 두고, 시민사회가 더 이상 정치 중립을 지키며 특정 시기에만 전술적으로 개입하는 수준이 아니라는 작금의 현실을 전제로 시민정치 이야기를 이어 갔으면 한다.

이태호 우리나라를 포함한 전 세계에서 정당과 노조까지 포함한 사회조직의 점성과 견고성이 떨어지고 있다. '계급'이라는 사회적 개념 자체가 해체까지는 아니더라도 매우 유동화되었고, 정치 영역에서도 '강한 지도자'를 중심으로 이합집산이 이루어지니 이것 또한 유동화되었다고 볼 수 있다.

한국에서는 정당의 권리 당원은 늘어나는 반면 시민단체의 회비를 내는 회원 수는 줄어든다. 젊은 세대는 정기적으로 회비를 내는 것을 선호하지 않고 관심도 없다. 실제로 그런 회원 구조를 가진 단체들이 고전하고 있다. 참여연대가 그나마 버티고 있지만, 참여연대도 패턴을 바꿔 구독층을 20만 명으로 늘리고 거기서 정기 후원 회원을 끌어당기는 방식으로 전환했다. 그런데 왜 정당에 돈을 내는 권리 당원은 점점 늘어나는가? 노조의 조합원은 왜 늘어나는가?

우리나라 노조는 조직률이 높지 않은데, 최근 들어 높아지는 추세다. 민주노총은 촛불 이후 7~8년간 거의 2배 늘었다. 이번에도 많이 늘 것이다. 그것은 진정한 의미의 경제적 이해관계 때문이다. 실손보험 가입률이 높은 것처럼, 젊은 친구들은 노조를 정치적 도구라기보다는 보험으로 인식하기에 보험료 내듯이 조합비를 낸다. 사회조직의 전체적인 패턴이 바뀌었고, 이에 각 사회조직들이 적응하고 있는 것 같다. 정당이 뜨는 것인가, 시민단체가 쇠퇴하는 것인가, 앞으로 어떤 방식으로 사람들을 조직해야 하는가 하는 의문이 남아 있는 듯하다.

안성용 2014년 세월호 사건 때 '전국교직원노동조합'(약칭 전교조) 교사들이 깃발과 피켓을 들고 나왔는데, 그중에 친구가 한 명 있었다. 젊은 후배들은 없느냐고 물으니 그들은 전교조에 가입해 돈은 내지만 활동은 안 한다고 했다. 가입하는 이유는 문제가 생기면 보호해 주기 때문이란다. 특히 초등교사들이 이러는 경우가 압도적으로 많다고 한다. 2014년 당시 전교조 가입률은 제법 높았다. 그때 전교조에서 문제가 생겼던 것이 학교 비정규직 문제로 교사들이 비정규직 노동자들을 공격했던 일이다.

정당의 흐름이 '거대 양당의 적대 공존' 구조로 변하는 동안, 노조 조직은 '조합원의 기득권 보호 시스템'으로 자리 잡은 것이다. 거칠게 말하자면, 민주노총은 대기업·공기업 중심 노조 운동이며 그 구성원의 압도적 다수가 자산·소득 상위 20% 안에 들어가는 사람들이다.

이태호 상위 10%다. 기아자동차에서 발제했더니 '우리는 상위 5%인데…'라고 말하더라.

윤석인 확실히 시민단체에 대한 세간의 인식이 달라지고 있다.

이태호 1990년대에는 시민단체가 '제3섹터'라는 이름으로, 앞으로 성장할 분야라는 인식이 보수·진보 가릴 것 없이 강했다. 그러나 2000년 이후, 특히 노무현 정부가 '참여정부'를 표방한 뒤 시민운동 단체에 대항하는 조직적인 뉴라이트 운동이 생겼다. 관변 조직과 다 죽어 가던 한국자유총연맹에 힘을 주고, 보수 파워 인플루언서들을 키우고, 일베를 만드는 등의 활동이 쭉 이어졌다. 천안함 사건이 발생하면서 국가 주도의 보수 시민사회 만들기 작업은 더욱 거세졌고, 이명박 정부 말기에는 댓글 공작 사건까지 벌어졌다. 그러면서 조·중·동까지 합세하여 시민단체에 '빨간 칠'을 계속했다. 빨간 칠이 안 먹히면 '이권 집단'이라고 했다.

윤석열 정부에서는 '이권 집단' 프레임이 완전히 굳어졌다. 그래서 지금은 어디서도 시민사회라는 말을 꺼내지 않는다. 민주당조차도. 보수 세력이 오랫동안 준비한 정치적 프로그램이 작동한 결과인 것 같다.

시민정치의 발전 과제

윤석인 시민정치 공간이 새롭게 만들어졌지만, 민주당은 점점 더 시민사회의 역할을 축소하고 외면하려는 분위기다. 그렇다면 시민사회단체의 정치 관여와 시민정치가 상설화된 움직임으로서 어떤 가능성을 가질 수 있을지, 그 의미가 어떻게 발전할 수 있을지 짚어 보자.

김경민 일본의 시민운동은 한국의 시민운동을 적극적으로 모방한다. 일본공산당 산하 시민정치위원회가 한국의 후보 단일화 방식을 벤치마킹해 개헌 저지선을 확보한 적이 있다. 하지만 일본은 시민사회 전체가 움직이지는 않았고, 전 지역구 통합 단일화도 되지 않았다. 반면 한국은 시민사회가 항상 광범위하게 정치 시스템 안에 개입해 왔다.

2024년에도 개혁신당과 국민의힘을 제외한 모두가 연합했다. 한국에는 정치에 개입해서 헌정 체제를 수호하고 새로운 대안 체제를 만들어 내는 데 성공한 역사를 가진 세력이 있다. 이 세력들이 계속해서 민주주의에 개입해야 한다. 눈을 감고 있어선 안 된다.

윤영상 한국에는 시민정치를 실현하는 방법이 여럿 있었다. 시민사회 운동을 오래 한 사람들이 개별 정치인으로 민주당이나 진보정당으로 들어가기도 했고, 또 제도 개선 운동을 통해 정치 개혁의 제도적 기반을 다지거나 이에 대한 긍정적인 여론을 확산시키는 역할도 했다. 우리나라 시민정치 운동은 준(準)플레이어로 정치에 개입하기도 했다. 낙선 운동, 후보 단일화 운동, 2024년 총선 때의 '국민후보' 등이 그 예다. 광장에서 시민들을 조직하는 것도 한국 시민사회단체들의 정치적 역량이다.

다만 시민정치의 리더십 문제에 대한 고민이 필요하다. 광장에서 열심히 활동하는 사람이 무대 권력을 쥐는 것이 시민정치의 원칙에서 벗어나는 길로 이어질 수도 있다. 이런 우려가 현실화한 역사가 있다. 열성적인 실무자들이 시민들의 발언을 취사선택하면서 광장 시민들의 자율성을 제한했던 사례도 많다.

1999년에 임지현 교수가 '우리 안의 파시즘'이라는 문제를 제기했다. 한국 사회의 정치와 제도 밖 일상에도 파시즘이 자리하고 있고, 이 파시즘은 진보 진영 내부에서조차 내면화되었다는 것이다. 운동권 출신들이 기업가가 된 후 노사 관계 논란을 일으킨 사례들이 있었고, 노조가 커지면서 '과두화'되는 현상도 있었다. 민주당을 비롯한 주요 정당들도 과두화됐다. 정치학자 미헬스(Robert Michels)가 말한 '과두제의 철칙'처럼, 정당과 정부의 규모가 커지면

과두제가 필연적으로 등장하고 민주주의를 잡아먹는다. 과두제 속에서 민주주의와 공론장을 살려 나가는 과정에서 정당은 엄청난 투쟁을 겪는다. 이 투쟁을 잘못하면 정당이 몰락한다. 시민정치의 역할은 이런 현상에 문제를 제기하고 개선의 필요성을 자극하는 것이라고 생각한다.

이태호 한국처럼 촛불 집회가 많이 일어나는 정치 공동체도 없고, 시민단체가 종합적인 정치 문제를 두고 연합체를 형성하는 나라도 없다. 하지만 이 시민정치가 지금 잘 먹히지 않는 고비에 이르렀다. 정치 개혁에 실패했기 때문이다. 한국에서 평화 운동이 국방 개혁에 실패한 것과 비슷하다. 한국은 냉전 해체 이후 국방의 역할을 줄이지 못했고, 그것이 평화를 좀먹고 군사 쿠데타까지 발생했다.

그러다 보니 민주당의 왼편이 점점 위축됐다. 하지만 여전히 시민들에겐 정치적·정책적 다양성에 대한 욕구가 있다. 그래서 시민들은 불만이 쌓이고, 야당이 하는 일을 마지못해 지지하지만, 동원되지는 않는다. 결정적으로 2017년 촛불 이후 앞서 말한 '나들의 연대'가 깨졌다. 극우 세력이 이들을 갈라치고 정치적으로 이용하면서 시민사회는 고민에 빠졌다.

시민단체의 젊은 세대는 왜 페미니즘, 차별금지법, 기후 정의를 지지하는 이들을 대변하고 정치 세력화를 하는 데 시민단체가 앞장서지 않느냐고 묻는다. 광장에서 시민들이 '나에게 국가는 무엇인가'라는 질문을 던졌듯이 젊은 활동가들은 '나에게 민주당은 무엇인가'를 묻는다. 그런 '나들'에게 차별금지법을 반대하는 정당은 도와줄 이유가 없는 똑같은 정당이다. 연합과 연대의 우선순위를 설정하는 것이 시민정치의 가장 큰 숙제가 되었는데, 기성 정당도 곧 이 때문에 위기를 겪을 것이다. 민주당은 강력한 통합력을 발휘하고 있지만, 민주당 여성위원회 역시 강력하며 그들의 발언권도 점점 강해질 수밖에 없다. 정체성 정치 여부를 둘러싼 논란이 있을지라도 이것이 전 세계에서 정치적 빅뱅을 일으키는 점점 커지는 에너지라는 사실에는 의문의 여지가 없다.

윤석인 우리나라 시민사회 운동을 이끌며 상당한 역할을 해 온 시민운동 단체들이 마주한 현실은 역설적일 만큼 녹록지 않다는 점, 그럼에도 여전히 정당정치의 한계를 지적하며 개혁을 추진하고 견인하는 시민정치의 주체로서 핵심적인 역할을 해야 한다는 점 등을 확인하는 것으로 시민정치 주제에 대한 논의를 일단 마무리하면 좋겠다.

03
진보정치

한국 진보정치의 현주소

진보정치의 위기 원인

윤석인 시민사회 운동은 대체로 보수 양당의 적대 공존을 개혁 과제로 제기하며 진보정치에 대한 지향·지지의 스탠스를 유지해 왔다. 하지만 진보정치가 점점 더 어려워지고 있다는 공통의 인식이 있는 것 같다. 그 원인과 대안에 대한 의견을 나누어 보자.

안성용 거대 양당 구조가 강화될 수밖에 없는 사회구조가 그 원인 중 하나다. 사회구조가 변화한 결정적인 계기는 1997년 IMF 구제금융 사태였다. 평생직장이 무너지고 대규모 해고, 명예퇴직이 생겼다. 비정규직이 제도화되었다. 하지만 가계는 쌓아 놓은 자산이 좀 있어서 버틸 수 있었다. 그런데 양극화가 심화하다가 2008년 미국발 금융 위기 때부터 계급 분화가 한 번 더 일어났다. 통계는 대략 이렇다. 자산과 소득이 합계 상위 10%까지는 계속 증가, 상위 10~20%는 유지, 상위 20~50%는 약간 감소, 상위 50~100%는 급격히 감소했다. 이것이 지난 27년간 한국 사회의 경제학적 통계다.

정치는 호남이 3당 합당으로 포위됐다가 선거를 여러 번 치르면서 포위망에서 벗어나는 데 성공했다. 김대중·김종필(DJP) 연합으로 결국 집권했다. 문제는 늘 양당 구조였다. 이를 계급에 기초해 돌파하자고 하여 생산직, 사무직 노동자, 그리고 최근에 '사회·문화 전문가 집단'으로 표현되는 사람들이 민주노동당을 지지했다. 그러나 공교롭게도 2008년에 내부 분열로 붕괴했다.

이에 더해 젊은 세대의 삶의 경험이 바뀌었다는 문제가 있다. 1997~1998년 당시 대학이나 직장에 들어갔던 세대들이 10년 정도 지나면서 청년층을 유지하게 되었다. 그 10년 동안 상층에서는 조기 유학 열풍이 불고 특목고나 서울대, 의대 선호도가 엄청나게 높아지는 등 신자유주의적 사회현상들이 매우 강화되었다. 이때 정당은 양당 구조로 굳어졌다. 하층, 중하층과 그에 의식적으로 공명하려던 사회·문화 전문가 집단들이 분열된 것이다. 그 이후는 계급적 의미에서 생산직 노동자든 사무직 노동자든 사회·문화 전문가 집단이든 그들의 기반이 진보정당 운동에서 사라지고 무너지는 과정이었다. 20년간의 실제 통계를 분석한 유형근 교수의 한 논문에서는 이를 '진보정당 운동이 지역 구도를 벗어나 계급·계층에 입각해 나서려고 했던 운동 자체가 있었다가 분열되고 사라졌다'고 설명한다(유형근, 2025). 즉 진보정당에 정치적 효능감을 느끼며 지지하는 사람들이 사라졌다는 뜻이다. 이 사람들은 이후 점점 민주당 친화적인 행보를 한다.

지방자치제의 시작에 대해서도 논의해야 한다. 처음에는 '무보수 명예직'이었던 지방의원이 보수직으로 바뀌고, 기초자치단체장·광역의원·기초의원에 대한 공천권을 지구당 위원장이 장악하면서 양당이 더 강화되었다. 이전에는 양당이 총선 때만 역할을 했지 지방선거 때는 역할을 하지 않았다. 따라서 당이 지구당을 갖고 있어도 정치는 상층계급 내에서의 이권 중심으로 작동했다. 이에 비해 정치가 좀 더 대중화한 것이다. 양당 체제는 지방선거를 반복하면서 완전히 자리를 잡았다. 말하자면 기초의원·광역의원·기초자치단체장과 연결된 지역의 토호 세력들이 '지역 유지'라는 이름으로 업종별로 세팅이 되었다. 그것이 특히 지방에서는 상당한 정치적 효능감으로 작동했다. 영남이나 호남은 100% 그렇다. 서울이나 경기, 인천처럼 보는 눈이 많은 곳에서는 상대적으로 드문 일이지만.

윤석인 서울, 수도권도 큰 차이가 없었다.

안성용 그러나 대놓고 하는 행태는 좀 드물다. 몰래 한다. 여하간 이런 행태가 계속 이어졌다. 2016년 총선 전까지 민주당은 중앙 정치에서는 '자영업자들의 정당'이라고 조롱받았지만, 자기 지역구의 기초와 광역까지 장악하면서 주요 조직 기반으로 삼아 기본적인 힘을 갖게 되었다.

그런데 그들이 민주노동당이나 진보정당들을 지지했기 때문에, 1997~1998년 이후에 사회에 진출한 세대들에게는 진보 집단이 '언행이 일치하지 않는 집단'처럼 보였다. 그 이후 2016년 박근혜 퇴진 촛불 집회가 일어나고 박근혜는 탄핵, 파면되었다. 그다음부터 민주당이 당원 확장 운동을 본격화했다. 그때 나타난 현상 중 하나가 우리가 잘 아는 친문 팬클럽, 팬덤 현상이다. 그 팬덤에 더해 진보정당에 거리를 두었던 당시의 30~40대(2025년 현재 40~50대)가 지금 민주당의 가장 강고한 지지 세력으로 탄생했다고 본다. 그 사람들이 적극적으로 민주당에 입당했다. 이 사람들과 노무현 때의 친노 현상을 만든 사람들을 착각하는 경우가 많은데, 둘은 역사적 경험과 세대가 다르다. 친노 세대는 50대 후반에서 60대다. 이미 기득권화되어 민주당의 각종 자리를 차지하고 있다. 2025년 민주당의 당원은 500만 명이 넘고 그중 당비를 내는 사람은 100만 명이 넘는다. 엄청나게 많은 숫자다.

박근혜 정부 시기에 국민의힘 계열이 이 전략을 따라 하려 했으나 기획이 잘못됐다. 허현준 청와대 행정관을 시켜 극우 세력을 모으고 돈을 대주며 일을 시켰다. 그들이 세월호 때 광화문에 나와 단식 농성을 하는 유가족들 앞에서 피자와 치킨을 시켜 먹는 것을 우리는 보았다. 이들은 온라인에서 일베를 장악하며 성장했다. 수구 개신교 세력도 합세했다. 이 수구 개신교 세력은 옛날 기도원 운동을 했던 사람들이다. 한국 개신교는 1980년대 후반, 1990년대에 강남과 분당 등을 중심으로 자본주의 기업형 교회로 바뀌었는데, 그때 자본주의 기업형 교회로 바뀌지 못한 사람들이 기도원에 남아 있었다. 그런데 일반 신도들은 기도원을 가지 않는다. 기도원에 가서 기도하는 대신 강남 대형 교회에서 편하게 에어컨 밑에 앉아 있어도 충분히 축복을 받으니 말이다. 그래서 오갈 데 없던 기도원 사람들이 허현준 등이 만든 조직에 결합해 일군의 세력을 만들었다. 거기에 대형 교회들이 돈을 대주고 키우던 전광훈을 앞세워 나머지 세력을 흡수했다. 이들이 지금 거리에 있는 아스팔트 극우 개신교 세력이다. 곁잡아 말하자면 극우나 수구 세력은 돈을 줘 가면서 자원이 되는 사람들을 모은다. 체계적으로 교육하고 먹여 주고 재워 주면서 조직을 키웠다.

진보정당은 그런 힘이 없어 무너졌다. 민주당은 각종 모임을 통해 정치적 효능감을 느끼도록 해 주었고, 대부분 자영업자인 지역위원회의 운영위원들은 관계를 통해 먹고살 수 있게 도와주기도 한다.

이태호 상대적으로 진보정당은 약간 부유한 층이 지지했다. 그리고 하위 50%는 허물어지고 있는데, 그쪽은 결과적으로 두 거대 정당이 점유하고 있다. 간단히 말하면 그렇다.

윤석인 중산층이 무너진 결정적 계기는 1997년 IMF 사태였다. 그 이후로 양극화가 급격하게 진행됐다. 1999년 노동부를 잠시 출입할 때 건진 1면 톱 특종이 '비정규직 노동자 수가 정규직 수를 앞질렀다'는 내용이었다. 민주노총은 대오를 갖춰 열심히 싸우는 것 같지만, 소속 노조는 대부분 고임금 노동자들의 대기업 노조다. 그들이 진보정치의 강력한 지주 역할을 했다. 비정규직은 아무도 돌보지 않았고, 중소기업과 비정규직 노동자의 여건은 대기업 노동자들에 비해 모든 면에서 너무 열악했다. 그들은 사회에서 완전히 실패한 사람 취급을 받으며 '루저(loser)'라 일컬어졌다.

윤영상 과거의 진보정치는 진보적 변혁 과제를 전면에 내걸고, 그 변혁 과제를 달성하기 위한 수단으로서 진보정당을 생각했다. 진보정당이 이 속내를 숨기고 껍데기만 드러내며 활동할 것인지, 아니면 이 둘을 통합하여 실질적 대중정당으로 활동할 것인지 논쟁해 왔다. 그러나 민주노동당을 만들어 냈던 좋은 시기에 그 힘을 이용하여 기존 양당 질서에 파열음을 내고 새로운 세력을 만드는 데 실패하면서 진보정치 운동을 했던 사람들은 흩어지고 소수화됐다. 시민정치와 달리 진보정치는 선거에서 생존해야 하는 과제가 있는데, 민주노동당이 분열한 뒤 한 차례, 통합진보당을 만들었다가 두 차례 선거에서 무너졌다.

이 두 번의 붕괴가 진보정치, 특히 진보정당이 한국 사회에서 큰 힘을 가질 기회를 놓치게 만들었다. 외부가 아닌 내부의 문제 때문이었다. 이 때문에 시민정치와 진보정치는 시대적인 의제를 공유하면서 연대해야 함에도 그러지 못했다. 진보정당은 표면적으로만 의제를 내세울 뿐 자기 집단을 살리는 데 급급해졌다. 그 양상도 정치적인 힘을 갖추려는 것이 아니라 조그마한 집단을 유지하려는 것이었다. 무늬만 진보정당이 되어 버린 것이다. 이 상황을 진보정치 또는 진보정당이 극복하지 못한다면, 제도 개혁 여부와 무관하게 앞으로 양당 정치가 극단화되는 것을 막을 수 없을 것이다.

김경민 우리나라 정치는 기본적으로 지역에 기반한 정체성 정치다. 조국혁신당이든 진보당이든, 진보정당도 결국 지역 기반을 가져야 한다. 그렇지 않으면 계급 기반을 가져야 한다. 이 두 가지 선택지밖에 없다.

운동의 이론을 갖추지 못한 것도 문제적이다. 진보연대나 진보당은 총론은 있지만 자기 이론을 혁신하지 못했다. 그래서 언어가 1980년대와 똑같다. 이처럼 혁신이 없는 대신 총론이 있는 그룹이 있고, 1980년대 운동으로부터 자기 혁신은 했으면서도 총론을 부정하는 그룹이 있다. 자기 운동의 이론적인 개념들을 쌓아 오지 않아서 붕 떠 있다. 이런 점에서 시민사회 운동과 진보정치 운동이 화학적으로 결합하기 위한 경험을 쌓는 것이 중요하다. 현 단계에서는 민주개혁진보대연합 같은 연합정치 운동이 매우 중요하다.

이태호 진보정당이 힘든 이유는 분단 구조 때문이다. 진보 이념을 주장할 수가 없다. 북한 편을 드는 정당이 존재할 수 없지 않나? 그러나 다시 생각해 보면 분단국가에서 상대편을 지지하는 정당이 존재하는 것은 너무 자연스럽다. 없는 게 도리어 이상하다. 그런데 분단국가 대한민국은 이런 입장을 인위적으로 모두 없애고 터부시해 왔다. 진보당과 정의당의 분열과 갈등도 단순한 정책적 차이만으로는 설명할 수 없고, '종북'으로 낙인찍힌 정치 세력이 겪게 되는 비합리적인 마녀사냥을 염두에 둘 때만 이해할 수 있다. 그들의 잘못이 아니다.

앞서 언급했듯이 한국은 태생부터 아주 극우적인 나라다. 빨갱이는 북으로 가든가 죽어야 한다는 나라로 시작해서 수십 년간 군사독재가 이어졌다. 그래서 진보정당 운동이 성공하지 못하고 민주당이 '캐치올' 정당이 된 것이다. 민주당은 스스로 '중도 보수정당'이라고 주장하지만, 완전히 보수 편에 서기는 어렵다. 진보정당이 세력화하기 힘든 국가보안법 체제로 인해 진보적인 흐름과 요구가 민주당 내부로 계속 들어온다. 시민정치라는 이름으로든, 진보정당에서 민주당으로 넘어오든. 한국 정치 지형에서는 시민정치와 진보정치가 민주당과 관계를 맺을 수밖에 없다.

민주당의 정체성과 페미니즘 정당의 가능성

윤석인 이태호 위원장의 말처럼 진보정치에 대해 논의하려면 먼저 현존 민주당의 정체성을 진단해 봐야 할 것 같다.

이태호 한국 사회의 시민정치, 진보정치 그리고 연합정치에서 민주당이라는 존재가 어떤 의미인지 헷갈린다. 이는 1987년부터 논쟁거리였는데, 민주당을 '보수 야당'이라고 평하기도 하고 요즘에는 '과두 기득권 정당'으로 지칭하기도 한다. 양당제의 문제가 너무 심각하므로 제3지대만 있으면 무조건 좋다는 이야기도 있다. 정치제도가 바뀌지 않는 조건 아래서 소선거구제라는 구조적 장벽을 일시적으로나마 뚫어 낸 제3지대는 유감스럽게도 대체로 민주당 오른쪽에 생겼다. 주로 유명 인사를 중심으로 '빅 텐트'를 표방하며 만들어졌다. 민주노동당이 제3당일 때는 제3지대가 민주당 왼쪽에 있었는데, 최근에는 제3지대가 양당의 가운데에 생기는 경향이 두드러진다.

민주당이 스스로를 '보수정당'이라고 선언하니 기분이 나쁘지만, 생각해 보면 대한민국은 시작부터 극우 국가였다. '빨갱이'를 다 죽이거나 북으로 쫓아내며 건국되었으니 말이다. 그러다가 이 편중과 불균형을 역전시키려는 현실적인 시도들이 보수정당이었던 민주당을 바꾸었다. 김대중도 있고 노무현도 있다. 민주당이 극우 체제를 벗어나려는 우산(umbrella)으로 존재해 온 면이 있어서, 민주당으로 진보 인사들이 흡수되는 경향이 생겼다. 또 국가보안법 체제 때문에 진보정당이 발전하지 못했다.

현행 선거제도는 극우 독점 체제하에서 효과적으로 선거 혁명을 유리하게 만들려는 야권과 재야의 노력으로 고안되었다. 1980년대에는 직선제와 소선거구제를 모두 진보 세력에서 주장했다. 중대선거구제는 거부했다. 수구-보수가 계속 당선되니, 진보가 소수라도 응집해 그들을 상대하려면 낙선 운동이 가능한 체제가 필요했다. 소선거구제는 당선 운동보다는 낙선 운동에 적합한 체제다. 1등만 하지 못하게 하는 방식으로 말이다. 그런데 진보가 스스로 1등이 되는 것은 너무 어려우니 1등이 되려면 민주당으로 모여야 했다. 이 과정에서 민주당은 극우 정당에서 보수 야당으로, 진보적 블록까지 아우르는 캐치올 정당으로 시대에 따라 그 성격이 변모해 온 것이다.

이제 선거법 개정이나 개헌이 논의되고 있다. 그러나 여전히 연합정치와 관련해서 민주당이라는 존재를 무시할 수 없다. 12.3 계엄 이후에도 내란을 극복하려면 민주당을 밀어주지 않을 수 없었고, 내란이 아니더라도 수구-보수가 단결하면 이길 방법이 없으니 또 민주당에 의존하게 될 것이다. 그래서 민주당 이야기를 조금 더 하면 좋겠다. 실제로 광장에서 '민주당은 우리 편이냐, 아니냐' 하는 논란이 있었다. 나는 광장의 비상행동에서도 "민주당을 비판하는 것은 좋지만, 내란 극복을 위해서는 민주당도 우리 편이라는 전제를 명확히 하고 가야 앞으로 전략을 짤 수 있다"라고 주장했다.

안성용 1948년 이후 지금까지 77년 동안 수구 세력이 거의 정권을 잡았다. 자칭 민주 정부가 집권한 것은 불과 15년이다. 김대중·김종필 연합과 노무현·정몽준 연합이 있었고, 문재인은 박근혜 탄핵 덕분에 당선했다. 이재명 대통령도 마찬가지로 탄핵 때문에 집권했다. 민주당 단독으로 또는 민주당과 진보 세력의 연합으로 집권한 적은 아직 한 번도 없다. 이태호 위원장 말대로 수구가 강력했기 때문이다. 1985년 이전 군사독재 시절의 야당은 군사독재를 넘어서야 함에도 힘이 너무 약했기 때문에 새로운 세대의 학생운동과 결합했고, 1987년 6월 항쟁이 일어났다. 그다음에 개헌이 되고 소선거구제가 도입됐다. 그리고 지금까지 왔다. 야당의 성격은 그때부터 계속 바뀌어 왔다.

우리는 1980년대에는 민주당을 부르주아 정당이라고 했다. 지금은 많은 사람이 보수정당이라고 한다. 지금도 운동에 영향을 끼치는 60대 이상 선배들은 과거의 의식이 남아 있다. 하지만 40세 미만인 세대는 민주당에 대한 직접경험이 매우 달라졌다. 최근 20년 동안의 민주당 의원 구성을 보면, 예전처럼 동교동계 같은 당료 출신으로 이루어진 것이 아니라 각계의 좀 더 나은 사람들이 계속 충원되며 자리를 잡아 왔다. 민주당의 성격 변화와 한국 사회운동의 변화는 맞물려 있다.

윤석인 1985년 이전이라면 2.12 총선 이전을 뜻하나?

안성용 그렇다. 2.12 총선 전에는 전두환이 만든 '관제 야당' 밖에 없다가, 2.12 총선 때부터 대중행동과 결합한 김영삼·김대중의 야당이 시작되었다.

이태호 그때 '선거와 운동의 연계론'이라는 말이 생겼다.

윤석인 1986년 2월의 필리핀 에드사(EDSA) 혁명과도 관계가 있다. 에드사 혁명을 성공으로 이끈 숨은 리더들이 한국을 방문해 '최소 강령을 내건 대규모 대중행동'의 중요성을 강조했다.

윤영상 민주당에 대한 평가와 분석은 조심스러워야 한다. 2022년과 2025년 두 차례의 대선을 거치면서 민주당의 표면적인 논의와 물밑 논의 그리고 이재명 후보와 개인적으로 연결된 사람들의 논의가 중첩되고 뒤섞이는 과정을 봤다. 예를 들면 당에서 오래 활동한 어떤 민주당 의원을 시민사회는 높게 평가하지만, 이재명계는 전혀 그렇게 인식하지 않는다. 그 의원의 민주당에 대한 설명은 민주당의 실제 의사 결정 구조를 제대로 보여 주지 못한다.

또 진보정당에 있던 사람들은 민주당을 자신이 속한 작은 정당 수준으로 간주하는 경향이 있는데, 민주당에는 매우 많은 권리 당원이 있고, 그 속에서 산전수전 다 겪은 전문가와 활동가들이 뒤섞여 논쟁한다. 그 과정에서 지배적인 담론이 무엇이 되는지는 연구 과제다. 우리의 논의는 이런 점을 간과하고 있어 민주당 사람들이 보면 바로 던져 버릴 것 같다. 과거에도 민주당 사람들과 논쟁할 때 '민주당을 모르는 외부 사람의 시선'이라는 말을 들은 적이 있다.

민주당의 지방선거 전략에 대한 해석도 그렇다. 표면적으로는 국회, 행정부, 지방까지 장악하는 완벽한 일당 체제를 꿈꾸는 것처럼 보인다. 하지만 민주당의 공적 입장을 알 수는 없다. 실제로 이재명 대통령의 초기 인사(人事)를 둘러싼 평가도 인선에서 배제된 사람들과 인선을 정당화하는 사람들은 서로 다르다.

민주당이 해체되는 것이 가장 좋다고 생각한다. 물론 공중분해가 되어야 한다는 것은 아니다. 민주당의 보수적인 인물이 국민의힘의 합리적 보수와 손을 잡고 진보적인 인물이 조국혁신당·사회민주당 등 현실적인 진보 세력과 함께하며 정치 지형을 재편하는 것이 좋다는 뜻이다. 마치 프랑스의 멜랑숑(Jean-Luc Mélenchon)과 마크롱(Emmanuel Macron)이 사회당을 양쪽에서 무력화하고 사실상 해체한 것처럼. 이를 생산적 분화, 발전적 해체라고 말할 수 있을 것이다.

윤석인 이태호 위원장이 말했듯이 민주당이 유럽의 사회민주당처럼 용광로 역할을 해왔다는 사실에 주목할 필요가 있다. 윤 박사는 민주당의 생산적 분화에 대한 기대를 말했는데, 우리나라의 권력 구조가 내각제로 개편되지 않는 한, 민주당은 선거에서 이기기 위해 보수 양당 공존 체제를 유지할 것이다.

한편 민주당 지도부는 김대중 총재가 1988년에 영입한 민주통일민중운동연합 출신 이해찬 등이 장악했다가 이번에는 성남시 참여연대 출신 이재명이 장악하는 등 진보 인사 중심으로 이어져 왔다. 그런데 오히려 민주당은 점점 더 보수적인 정책을 내놓고 있다. 진보적인 의제의 향후 입지는 어떠할지 궁금하다.

이태호 페미니즘은 앞으로 정치의 주류가 될 것인데, 우리나라에서 여성 정치는 딱 한 번 있었다. '여성의당'인데, 삼성 이부진 등에게 노골적으로 후원을 요구한 탓에 '그게 무슨 페미니즘이냐'며 깨졌다. 그러나 창당 직후 있었던 2020년 4.15 총선에서 원외 정당 2위에 해당하는 득표율 0.74%를 기록했다. 지금은 멈칫하고 있는데, 아마 수년 내에 정신 차리고 전열을 정비할 가능성이 크다. 지금의 진보당보다 강력해질 수도 있다.

김경민 여성 정치는 성립할 수 있는 공간이 없다고 본다. 앞으로도 그럴 것이다. 운동의 핵심은 정체성 정치를 넘어서는 것이다. 유럽에도 한때 정체성 정치가 판을 쳤는데, 페미니즘과 인종주의가 주축이었다. 국가 체제를 운영하는 데 핵심은 사회·경제적 의제다. 이에 대한 입장을 분명히 내걸고 결집하는 것이 중요하다. 여성이 많이 결집하고 여성이 리더가 될 수도 있다. 즉 사회의 보편 의제를 다루는 운동을 통해 여성 정치인들이 위상을 가질 것은 인정하지만, 페미니즘 정당이 한국 정치에 중요한 영향력을 행사하고 대중적으로 확대되지는 않을 것이다.

계엄 이후 광장에서도 혐오와 차별에 대한 문제가 많이 제기됐다. 물론 아주 의미 있는 의견이지만, 분단과 사회정의 문제가 광장에서 사라지는 것이 문제적이라는 주장도 있다. 혐오와 차별 문제가 과대 대표되었다는 지적도 타당하다.

한국의 정체성 정치는 두 가지밖에 없다. 지역 정체성 정치와 성 성체성 정치인데, 성 정체성 정치는 자리 잡을 공간이 없다. 지금 한국의 주류 정치는 지역 정체성 정치다. 민주당과 국민의힘을 단순한 보수정당이라고만 보기 힘든 이유는 하나는 호남, 다른 하나는 영남을 기반으로 존재하기 때문이다. 여기서 나름대로 민주당을 평가하자면, 민주당은 지역 기반만 두고 보면 구조적으로 선거에 불리하다. 이 구조적 한계를 넘어서기 위해 여러 노력을 한 결과 수도권에서 민주당이 승리할 수 있었다. 지역 정치를 기반으로 하는 민주당이 보편성을 얻어 가는 과정에 있는지 질문을 던질 필요가 있다.

안성용 분명히 페미니즘은 각광받고 있다. 하지만 페미니즘의 힘은 신림동 사건, 강남역 사건 등 여러 사회적 사건에 문제의식을 느낀 개인들의 집합으로부터 만들어졌기 때문에 기존 정당이나 커다란 단체의 힘과는 성격이 다르다. 진보정당에 있는 사람들도 열심히 페미니즘 활동을 하고 있지만 여성의당의 활동과는 그 성격이 다르다.

김경민 총장의 주장에 덧붙이자면, 한국에서 정당이 고

려해야 할 문제는 네 가지라고 생각한다. 계급·계층, 젠더(성), 지역, 세대 문제다. 1980년대에는 지역이 압도적으로 중요했다면, 1990년대에 들어서는 지역에 더해 계급·계층이 중요해졌고, 그 뒤에는 젠더와 세대 문제가 중요해졌다. 선거 때마다 결과가 다른 이유는 지금은 이 네 가지 문제가 섞여 있기 때문이라고 생각한다.

윤석인 정의당이 심상정 노회찬 등 노동운동 출신들이 이끌 때는 계급정당이었다가 2000년 총선을 기점으로 페미니즘 정당으로 바뀌었다는 평가가 있던데….

안성용 호사가들이 하는 말이다. 정의당이 계급정당이었던 적은 한 번도 없다. 그 이전 민주노동당도 계급정당이 아니었다. 노동자, 농민, 빈민을 3대 축으로 삼았으나 자영업자 등도 당의 기반으로 삼았다. 당원 중에 공장 노동자가 많긴 했지만, 선거 때는 화이트칼라와 고학력 전문직, 중산층이 많이 지지했다. 민주노동당은 내부 논쟁과는 달리 선거를 거듭 치르면서 모든 계급·계층을 포괄하는 '국민정당'이 됐다. 1988년 이후의 한국 진보정당은 모두 국민정당이다. 아니, 우리나라의 모든 정당이 다 그렇다. 국민의힘이나 민주당도 국민정당이다. 단지 더 많은 소구력을 갖는 계급·계층에 차이가 있을 뿐이다. 19세기 말, 20세기 중반까지 각국에 있었던 전통적 의미의 계급정당은 한국에는 없었다.

정의당은 계급정당이었던 적도, 페미니즘 정당이었던 적도 없다. 현안 중심으로 계속 정치에 대응해 오던 민주당과는 다른 '진보정당'을 자처하는 스탠스에서 정치적 역할을 해 왔을 뿐이다.

윤영상 정의당을 떠난 상태에서 이야기하기는 좀 그렇지만, 원래 민주노동당은 노동자 중심의 진보정당이었다. 2008년 분당 후 탈당파 진보신당(노회찬, 심상정 등)과 잔존파 민주노동당(NL계)의 통합은 불가능한 상태였는데, 자유주의 개혁 세력인 국민참여당(유시민 등)이 함께 결합하면서 통합진보당이 만들어진다. 그런데 이 통합진보당이 2012년 총선 직후 비례대표 후보자 선정 투표 부정 문제를 놓고 다투다 다시 분당하는데, 이 분당 과정에서 NL 일부, 국민참여당 그리고 진보신당에서 나온 노회찬·심상정·조승수가 중심이 되어 '진보정의당'을 만들었다.

진보정의당은 노동자 중심의 진보정당이 아니라 진보개혁 정당이었다. 이들은 세력이 약해서 2016년 선거를 앞두고 세력을 강화해야 했고, 그래서 노동계급성 또는 노동자 중심성을 강조하는 노동당 쪽과 민주노총에 있는 사람들과 통합했다. 그러면서 당명에서 진보를 떼고 '정의당'이 됐는데, 이때 노동 중심성을 강조하는 '전환 그룹'이 만들어진다. 이 전환 그룹은 계급성을 강조했고 노회찬, 심상정은 연합정치 등 유연성을 강조했다. 노회찬 전 의원이 사망한 뒤 정의당 내 힘의 균형이 무너졌다. 심상정이라는 대중적인 인물은 남아 있었지만, 노회찬과 심상정 둘이 있을 때보다는 힘이 약해졌다.

진보정치의 발전 과제

연합정치와 정치 플랫폼

윤석인 보수 양당의 적대 공존 체제를 변화시키고 진보정당이 재기하기 위한 동력을 확보하는 방법엔 무엇이 있을지 논의해 보자.

윤영상 한국 민주화 운동 역사에서 정치 발전을 둘러싸고 가장 크게 벌어졌던 논쟁 중 하나는 '비판적 지지'와 '독자 후보' 논쟁이다. 지금 논의도 그 연장선이다. 진보정치의 힘이 약하고 제도적 기반이 약하기 때문에 민주당을 활용해 진보정치의 힘을 키우고 진보정당을 만들자는 비판적 지지 의견과 그렇게 의존하면 민주당에 흡수될 뿐이니 독자적으로 힘을 만들어야 한다는 의견이 충돌해 왔다.

나는 프랑스의 멜랑숑 비유를 즐겨 한다. 멜랑숑은 사회당을 통해 온갖 정치를 다 경험하며 그 한계를 깨닫고 사회당을 나와 '불복하는 프랑스(La France insoumise)'를 만들면서 성공했다. 그는 현실적인 포퓰리스트로 대중 정치와 현실 정치를 정확히 알았다. 마크롱도 사회당 안에서 출세하다가 좌파가 걸림돌이 된다는 것을 깨닫고 나와 중도 우파를 끌어들여 '전진당(La Republique en marche)'을 만들고 대통령이 됐다. 프랑스에서 민주당과 비슷한 역할을 하던 사회당이 보수적인 '전진당'과 진보적인 '불복하는 프랑스'로 분화되어 둘 다 성공하는 모습이 시사하는 바가 있다.

민주노동당이나 정의당이 실패한 배경에는 다른 나라에서는 사라진 전쟁 질서가 한반도에서는 여전히 존재한다는 현실이 있다. 그것이 한국 정치가 대중적으로 왜곡되는 데 큰 영향을 미친다. 진보정당은 판을 바꾸려면 힘을 키워야 하는데, 이념과 노선의 원칙성만 따지다 현실의 벽에 부딪혔다. 지금 연합정치가 필요한 것은 민주당이 아니라 진보정당이다. 민주당은 연합정치가 아닌 모든 세력을 빨아들이는 '수혈 정치'를 해왔다. 선거 때만 되면 모든 것을 해 주겠다고 공약해 놓고 목표를 달성하면 '시기상조'라며 어물쩍 넘어갔다. 연합을 통해 제도의 변화나 세력의 교체라는 성과를 실질적으로 만들어 내지 못하면 뜬구름 잡는 일이 계속될 것이다.

김경민 원내 정당이 일곱 개 있다. 형식적으로 민주당은 7분의 1이다. 원내교섭단체가 구성되면 민주당은 3분의 1이다. '결선투표제'를 하면 연합정치가 가능하다. 정치 생태계의 다원화를 위해 전략적으로 형식을 구성해야 한다. 나는 '인민전선', 다르게 말하면 '국민전선'을 두고 연합정치를 할 수밖에 없는 현실이라고 본다. 실효성 있는 진보정치 전선을 만드는 것이 다음 단계라고 본다면, 현재는 국민전선을 통해 정치 생태계를 다원화할 수 있는 연합정치를 구현할 수 있는 형식과 제도를 얻는 것이 중요하다. 원내 5당은 갈라져 있다. 이 5당이 공동전선을 만들려면 민주당이 패권적으로 이끌거나, 시민사회가 5당을 하나로 만드는 형식적 목표를 실현하고 그 대가로 정치 전선을 개혁하는 흐름을 만들어야 한다. 레버리지는 구체적인 양에서는 발생하지 않고, 단지 형식 구성에서 발생한다. 이것이 지금 선택해야 할 연합정치의 형식적 요소다. 네 개 정당이 매일 민주당을 공격하면 민주당이 흔들린다. 시민사회까지 함께 공격하면 민주당도 버티기 어렵다.

윤석인 네 개 정당과 원외 정당이 단일 대오를 만드는 것은 매우 어렵다. 연합정치가 더 어려운 것 같다. 그나마 진보당이 대중적 기반을 가졌다고 생각하지만, 진보당은 정의당과는 함께할 가능성이 희박하다. 이런 상황에서 민주당을 제외한 작은 정당들의 연합정치 또는 통합과 관련한 진보정치의 과제는 무엇일까?

정유현 전부 민주당으로 흡수되는 것에 대한 문제의식이 굉장히 강한 사람들이 여전히 있고, 그들이 단순히 체제 전환 진영에만 속하지는 않는다고 생각한다. 민주당이 담지 못한 페미니즘이나 기후 위기 의제 때문에 모일 수 있는 커다란 잠재적 공간이 분명히 있다. 이 사람들이 체제 전환 진영과도 합쳐질 가능성이 여전히 존재한다.

진보정치가 연합정치를 하지 못했다는 것에 동의한다. 민주당으로 흡수되지 않는 연합정치를 만드는 것은 지금의 노동당이나 녹색당, 정의당만으로는 분명히 불가능하다. 완전히 새로운 정치 세력이 만들어져야 하는데, 그 형태가 정당이 되기는 당장은 어려울 것이다. 진보적인 의제에 목말라 하는 사람들 가운데 조직되지 않은 사람들, 정당에 소속되기를 원치 않는 사람들이 굉장히 많다. 따라서 누구든지 왔다가 떠날 수 있는 매우 느슨한 연대의 조직체가 필요하다. 그 조직체는 체제 전환도, 기후 정의나 페미니즘도 당연히 포용할 수 있어야 한다. 민주당으로는 흡수되지 않지만, 어떨 때는 민주당과 협력하며 이익을 취할 수 있는 완전히 새로운 정치 플랫폼이 필요하다.

이태호 정의당 같은 당 조직도 민주당과의 연합 여부를 두고 좌고우면하다가 포기했다. 예상되는 무수한 논쟁 속에서 지금 제시하신 '플랫폼'이 연합이라는 고도의 정치적 합의를 이끌어 낼 수 있을까? 그것이 숙제다.

안성용 그것은 시민단체의 입장이다. 하지만 정세는 매년 다르다. 2020년에는 노동당에서 탈당한 인사들이 기본소득당을 창당했고, 2024년에는 정의당에서 탈당한 인사들이 사회민주당을 창당했다. 2024년 총선이 끝난 후 토론회 자리가 만들어졌는데 진보당은 여기에 나오지 않았다. 원내 정당이 된 진보당을 제외한 나머지 3당(정의당, 녹색당, 노동당)에서 나온 사람들이 입을 모아 '우리는 이미 분화되었다. 분열이 아니라 분화되었다고 말해 달라. 앞으로 우리에게 통합하라고 절대 말하지 말라'고 말했다. 그러나 2025년에는 이들이 '민주노동당'과 '사회대전환 연대회의'로 연합했다.

윤석인 운동에서는 분화가 곧 발전이다.

안성용 분화가 발전이라는 것은 받아들일 수 있다. 각자 선호하는 정당에 가입하고 지지를 표명하면 된다. 다만 진보정당에는 원래 당선과 거리가 멀었던 대선 문제는 차치하더라도 2026년 지방선거 문제가 남아 있다. 정의당, 노동당, 녹색당, 기본소득당, 사회민주당 다섯 개 당은 마땅한 기초자치단체장 후보가 없다. 진보당이나 조국혁신당에 비교할 바가 아니다.

이들 정당이 기초자치단체장 후보조차 없는 상태에서 협력해 지방선거 대응 전략을 세우기는 쉽지 않다. 시민사회가 나서서 힘을 실어 주고 후보도 만들고 재정까지 지원하는 방법도 가능하다. 연합정치의 형태도 매년 달리할 수 있다. 민주당이 계속 자리를 내놓을 것이라는 보장도 없다. 따라서 시민정치에는 정세에 따라 전술을 변경할 수 있다는 열린 태도가 필요하다. 진보당과 조국혁신당은 물론 다섯 개 정당도 정치적 약진을 위해 고민할 것이다.

각광을 받기 위해 어떤 의제에 힘을 모을지는 각 정당이 판단할 몫이다. 시민사회는 차별금지법이든 기후 정의든 민주당이 실천하지 못하는 의제들에 대해 시민들 다수가 원하는 방식으로 목소리를 내야 한다. 시민사회의 요구, 시민의 호응, 정당의 판단이 2025년 겨울쯤에는 맞아떨어져야 2026년 지방선거를 위한 구체적인 전술의 형태를 논의할 수 있을 것이다.

이태호 플랫폼은 좋은 구상이다. 몇 년 전부터 '한국판 페이비언 협회' 같은 것이 있어야 한다고 생각해 왔다. 정당 밖에서 민주당을 포함한 정치권에 리더십을 발휘할 수 있는 사람들이 필요하다. 객관적으로 한국에는 리더십이 존재한다. 원로와 시민사회의 리더십은 아직 존재하며 쉽게 사라지지 않을 것이다. 다중은 광장을 만들 수 없다. 집회 공간을 만드는 것은 상당한 능력을 요하는 기술이자 권력이다. 광장에서 코디네이터 역할을 했던 그룹들에도 코디네이션 리더십이 존재한다고 봐야 한다. 이런 그룹들이 정치권에 반쯤 발을 걸치고 독립성을 유지하면서 그들을 조율할 수 있는 기능을 갖추고 있나. 그렇다면 이 그룹들의 역할이 민주당과 민주당 왼편에 대한 개입으로만 한정될 것인가, 아니면 민주당과 국민의힘 사이에 제3지대를 만드는 데도 관여할 것인가. 실제로 정치 관여를 지향하는 그룹 중 일부는 민주당과 국민의힘 사이의 제3지대 형성에도 지속적으로 관여해 왔고, 2024년에는 개입 범위를 둘러싼 논쟁이 막후에서 벌어졌다. 양당제를 깨려면 현실적으로 이 사이에 제3지대를 만들어야 한다는 인식이 있었다.

플랫폼이 최종적으로는 정당으로 가야 하나? 한국에서는 정당이 되지 않는 것이 더 좋은가? 플랫폼이 지향해야 하는 바가 무엇인지 구체적으로 논의할 필요가 있다.

윤영상 페이비언 네트워크처럼 민주노동당에만 발을 걸치지 않고 민주당에도 걸치고 바깥에도 걸치는 그룹들이 필요하다는 논리가 과거 민주노동당의 비NL 계열과 NL 계열 모두에 있었다. 한국 사회는 워낙 복잡하기 때문에 정치적 이득을 얻기 위해서는 한 군데에 모든 것을 걸 수는 없다. 그래서 NL 계열은 민주당과 통일 운동 단체에 발을 담그기 시작했고, PD 계열은 민주당을 배제하고 민주노총과 시민단체 일부와 연대했다.

지금 시국회의에 있는 사람들도 2026년 지방선거를 앞두고 연합정치를 논의한다. 하지만 많은 질문이 남아 있다. 시국회의가 군소 정당의 대변자인가? 시국회의가 플랫폼인가? 군소 정당이 스스로 힘을 키우지 않고 연합정치를 통해 떡고물을 얻으려 해서는 성공할 수 없는 것 아닌가? 위성정당을 비판하는 사람들이 위성정당과 크게 다르지 않은 방식으로 민주당에 제도 개선을 요구하는 것이 안타깝다. 위성정당과 그것을 비판하는 사람들의 행동 방식이 드러나는 모습만 다를 뿐, 본질은 비슷하기 때문이다. 연합정치는 현실 정치를 배제하고 보면 그럴듯하지만, 현실 정치에서 검증되어야 그 실제 모습이 드러난다.

민주당에서 잘 나가는 좌파 정치인이 민주당과 싸우다가 나와서 새로운 연합정치를 한다면 폭발적인 호응을 얻을 수 있을 것이다. 민주당 바깥에서도 대중적인 인기가 있는 사람들이 연합정치를 통해 민주당을 분화시키면서 새로운 길을 개척할 수도 있다. 과거에 내가 이런 시도를 했던 사례가 있는데, 민주노동당에서 노회찬과 심상정이 유명 정치인이 되었을 때 2007년부터 2010년까지 이들에게 연합정치를 해야 한다고 주장했다. 당신들은 연예인이 아니라 새로운 정치의 돌파구를 여는 연합정치의 선두 주자여야 한다고 말했다. 하지만 민주노동당이 분당하고 통합진보당이 해산되는 과정이 있었고, 민주당 기득권 세력과 진보정당 내 좌파 독자 성장론자들이 이들의 발목을 잡았다. 노회찬과 심상정은 이러지도 저러지도 못하고 정치적으로 죽어 갔다. 이것이 역사적 현실이다. 이런 문제를 해결할 방법론을 갖추지 못하고 플랫폼만 이야기한다면 내년 지방선거와 그 이후에도 백전백패할 것이다.

안성용 세 개 정당을 중심으로 하는 플랫폼 방식, 즉 정당에서 외부의 힘을 모으는 방식은 자연스럽게 떠올릴 수 있는 모델이지만, 현실적으로 힘을 모으긴 쉽지 않다. 이태호 위원장이 말한 것처럼 정당 외부 사람들이 폭을 대폭 넓혀 무양을 만들고 정당도 들어올 수 있도록 한다면 독립적으로는 절대 성립할 수 없는 관계들이 이 플랫폼을 통해서 이루어질 수도 있을 것이다.

윤석인 현 상황에서 민주당도 조국혁신당도 아닌 제3세력이 정치 플랫폼을 만들어 규모를 키울 수 있을까?

안성용 플랫폼이 논의되고 가시화하면 조국혁신당이나 진보당은 이를 전략적으로 활용할 방법을 고민할 것이다. 활용할 수 있다면 활용하고, 그렇지 않다면 본인들끼리 다른 활동을 할 것이다. 민주당은 판의 움직임을 보면서 대응할 것이다. 압도적인 힘이 있으니까.

윤영상 플랫폼을 현실화하려면 고심해야 할 문제다. 시국회의 내부에서도 일부 원로나 구성원들은 플랫폼 같은 형태를 시도할 필요는 있다고 생각하지만, 시국회의가 너무 많이 개입하는 것은 꺼린다.

안성용 개인들의 모임으로 만들면 된다.

윤석인 시민사회가 정치적 플레이어가 되는 것을 경계할 필요가 있다는 김경민 총장의 의견에 동의할 수도, 동의하지 않을 수도 있다. 하지만 시민사회가 기본적으로 플레이어가 되어서는 안 된다면 그들이 정치에 큰 영향을 발휘할 수 있으리라 기대하기는 어려울 것 같다.

김경민 시민정치를 통해 진보정당을 통합하거나 결집해 새로운 대안 세력을 만들자는 논의는 수십 년간 반복되어 왔다. 나는 그런 논의는 이제 그만두자는 입장이다. 솔직히 말하면 정치 공간 안에서 어느 정도 자리를 잡은 진보정당은 자신의 능력에 따라 성장하거나 죽는 것이다. 주요 현안은 누가 뭐래도 원내교섭단체를 만들도록 압박하는 것이다. 원내교섭단체가 구성되는 순간 한국의 세 주체 중 하나는 진보 개혁 진영으로 구성된다. 그리고 시국회의가 '시민정치행동'을 만들었듯이 대중적인 기반을 갖춰야 연합정치를 밀고 나갈 힘이 생긴다. 대중적인 기반이 강한 곳이 결국 리더가 된다.

윤석인 조국혁신당은 어떤 현실적 비전을 논의하고 있나?

윤영상 조국혁신당 당원이 아니라 초기 설계자 중 한 명의 입장에서 말하고 싶은 문제가 있다. 지금 조국혁신당은 창당 초동 주체들 중 상당수가 발을 뺀 상태다. 그 이유는 진보·혁신 정당으로서의 정체성이 흐려졌고, 조국 대표에 대한 충성심을 지닌 사람들이 당의 주류가 되었다고 판단했기 때문이다. 원래 초동 주체들이 합의했던 당명은 '시민행동당'이었다. 초동 주체들의 문제의식은 프랑스의 멜랑숑이나 영국 노동당의 코빈 같은 사람의 생각과 유사한 측면이 있었다. 조국혁신당이 민주당보다 진보적이고 정의당보다 현실적인, 그래서 녹색당·사회민주당·기본소득당·정의당·여성의당 등을 끌어안으면서 연합정치 네트워크를 주도하는 세력이 되기를 바랐다. 한국 정치의 새로운 흐름을 만들려고 했다.

2026년 지방선거 전망과 지역 정치

윤석인 이제 자연스럽게, 또 마무리 차원에서 2026년 지방선거에 관한 이야기를 나누면 좋겠다.

윤영상 연합정치와 정치 플랫폼은 중요하지만, 실효성이 없다면 힘만 빠진다는 점을 분명히 하고 싶다. 2026년 지방선거에서는 전국적인 의제가 부각되기 어렵다. 물론 개헌이나 이재명 정부 심판론이 부각될 수도 있지만, 분산된 여러 의제가 등장할 가능성이 더 크다. 따라서 중앙에서 내리꽂는 방식으로 연합정치를 하거나, 당선자 한 명도 배출하지 못하는 세력끼리 연합정치나 플랫폼을 시도한다면 아무런 소득이 없을 것이다.

어느 정도 지역 기반이 있는 세력들이 그 지역에서 연합정치를 실천해 민주당을 압박하고 성과를 내는 것이 현실적인 방법이다. 기초자치단체장이든 기초의회 의원이든 광역의회 의원이든 그런 방식으로 배출해야 한다. 지금 시민단체는 전국적인 형태의 설계도를 그릴 능력은 없다. 오히려 시민단체들이 폭넓게 연대 활동을 하는 인천, 대전, 광주·전남, 부산 같은 지역에는 이런 전략을 논의할 수 있는 단위가 있다. 지방선거에서 연합정치는 실현 가능성이 있는 지역 중심으로 세심하게 준비해야 하는데, 중앙에서 연합정치를 밀어붙이면서 역효과가 날까 봐 걱정이다.

윤석인 지역에는 여러 가능성이 있다고 본다. '지역 정당'이 가능하도록 법을 개정해야 한다. 하지만 보수 양당이 지역 권력을 빼앗길 것을 우려해 반대하고 있다.

윤영상 그래서 지역에서 성과를 내 국민의힘과 민주당이 정신 차리게 만들어야 한다. 제일 중요한 변수가 조국혁신당이라고 생각한다.

안성용 지역 정당론에는 위험성도 있다. 보수 진영에 한국자유총연맹, 새마을운동중앙회, 바르게살기운동중앙협의회 등이 있다. 25년 이상 지방자치제가 진행되면서 거대 양당이 지역을 꽉 잡고 있어, 지역 토호 세력들이 지역 정당을 장악할 가능성도 매우 크다.

윤석인 결국 새로운 변화를 만들어 내기 위해서는 지역에 자기 기반이 있어야 한다. 그런데 진보당 말고는 지역적 기반이 있는 진보 세력은 거의 없다. 지금 주민자치 운동을 하는 사람들에게 가장 큰 위협은 전광훈이 주도하는 '자유마을'이다. 재정적 후원이 있는 자유마을 운동의 공격이 엄청나게 주민자치 운동을 압박하고 있다. 자유마을 운동의 숙주는 대체로 보수 개신교회들이다.

윤영상 극우 세력은 정당법뿐만 아니라 지역 정당이나 결선투표제 등도 역으로 이용할 능력이 있다. 지역 정치력이 약하다는 것은 민주당보다 진보 세력이 많이 지적받는 문제다. 진보 세력은 주장만 세고 지역에 기반이 없다. 반면 보수는, 특히 극우 세력은 종교 단체 등을 통해 지역에 뿌리를 내리고 있다. 그리고 군소 극우 정당들도 있다. 그들은 벌써 '이삭줍기'를 하고 있다. 조국혁신당이 호남에서 민주당의 이삭을 줍듯 영남에서는 극우 정당이 이삭을 줍는다.

안성용 제법 오래된 행동이다. 허경영이 이름을 날릴 수 있었던 것 자체가 그가 곧 전국적인 기반을 형성했다는 뜻이다. 2020년 총선 때 허경영의 국가혁명배당금당이 약진했다. 당시 253개 지역구 중 237개 지역구에 공천했고, 득표율도 0.71%를 기록했다. 그런데 전과자 후보가 90명이나 있었고, 그중 살인 같은 중범죄를 저지른 사람도 있었다. 허경영은 이후 2021년 서울특별시장 보궐선거, 2022년 대통령 선거 등에 출마했다가 각종 폭로와 소송에 휘말리며 당세가 약해졌다. 남은 세력은 전광훈과 자유통일당에 흡수됐다. 둘 다 똑같은 자인데, 허경영은 돈과 신비주의로 사람을 모았고, 전광훈은 그 전략을 이념으로 가다듬었다. 자유마을이 2022년부터 2024년까지 3년간 조직 활동을 할 때, 동네마다 할머니와 할아버지들을 내보내 판을 깔고 서명운동을 했다. 세 가지 슬로건은 동성애 반대, 국가보안법 폐지 및 주한 미군 철수 반대, 이재명 범죄자화였다. 이런 방식으로 세력을 키웠다.

윤영상 극우 정당에 시군구 기초의회 의원이나 시도 광역의회 의원 후보군이 있다는 뜻이다. 그래서 2026년 지방선거는 부수 연합정치가 진보 연합정치를 압도할 가능성이 크다. 이 현실을 직시하며 연합정치 전략을 세워야 한다. 다시 말해 말뿐인 연합정치가 아니라 실제로 지역 정치를 바꾸는 연합정치가 되어야 한다는 것이다.

김경민 2026년 지방선거에서 민주당의 자강론자들은 또 자체 힘으로 선거를 치르겠다고 할 것이다. 하지만 그 자강론이 민주당이 혼자 지방선거를 치르면 망한다는 좋은 근거를 제시할 가능성이 크다. 따라서 남은 과제는 민주당을 설득하기 위한 연합정치 전략을 세우고 그 보상을 설정하는 일이다. 민주당이 지방선거에서 지면 중간 평가에서 낮은 점수를 받는 것으로 이어지고, 지지율은 계속 내려갈 수밖에 없다. 개헌 문제도 걸린다.

윤석인 이제 그만 부족한 대로 마무리할 시간이 다 된 것 같다. 비록 잘 준비한 좌담회는 전혀 아니었고 하고 싶은 이야기도 아직 많이 남아 있겠지만, 솔직한 논의 과정에서 시민정치와 진보정치의 다양한 면면을 서로 확인하고 공유하였으며 다양성 속의 공통점과 차이점도 발견할 수 있었다.

우리 좌담회가 앞으로 시민정치와 진보정치의 새로운 흐름을 형성해 나가기 위해 꼭 필요한, 더 유의미한 공론장을 여는 작은 계기가 되면 좋겠다는 생각이 든다. 모두에게 감사하다.

2부
여성과 청년의 정치

참석자

윤석인 사회, 희망제작소 이사장

양이현경 한국여성단체연합 공동대표

이재정 광장을 잇는 윤퇴청(전 윤석열퇴진을위해행동하는청년들) 대표

이주원 전국대학학생회네트워크 제5기 의장

이한솔 한국사회주택협회 이사장

정유현 전 녹색당 전국사무처장

04
여성과 청년의 정치

여성과 청년이 느낀 광장의 변화

새로운 시민과 문화의 등장

윤석인 1987년 이후 우리 국민은 주요 국면마다 광장에서의 대규모 집회·시위를 통해 민주주의를 지켜 냈다. 중년 넥타이 부대와 촛불 유모차 부대부터 20대 응원봉 여성에 이르기까지 다양한 시민이 자발적 시민정치의 주체로 등장하면서 시민의 주권 의식이 성장하고 있음을 절감했다.

시민사회단체들은 시민의 정치적 저항이 임계점에 도달해 폭발하기 전에는 늘 '정치적 중립'을 지키고자 노력했다. 하지만 임계점을 넘어서는 상황이 조성되면 광장의 대규모 집회·시위를 조직하는 능력을 보이며 지도력을 행사했다. 이들 시민사회단체는 광장 승리 이후엔 곧바로 자신의 활동으로 복귀했고, 그 성과는 민주당이 독식했으나 개혁엔 실패했다.

이제 시민사회단체가 '자발적인 시민정치'의 주체들을 '일상적인 시민정치'라는 '새 장르'로 이끌어야 하지 않을까? 그 과정에서 기존 진보정치나 개혁적인 제3당 건설을 지원해야 하는 건 아닐까? 그게 아니라면, 시민사회 운동은 어떠한 목표 아래 활동을 해 나가야 할까? 이런 문제의식으로 2025년 6월 3일 대선 이후 시민사회의 중견 리더 몇 사람이 여러 차례 모여 이야기를 나누었다. 그리고 오늘 패널의 다양성 문제를 보완하고자 여성과 청년 리더들을 모시고 별도의 좌담회를 마련했다.

앞선 좌담회에서 주제로 다룬 순서대로 진행해 보자. 먼저 12.3 비상계엄 전후를 회상하며 한마디씩 해 달라.

정유현 예전 같으면 정당 당직자들과 함께 광장에 나갔을 텐데, 오래 일하던 정당에서 나온 직후여서 이번에는 일반 시민으로서 상황을 지켜봤다. 진보정당이 앞으로 나아갈 방법을 고민하는 동료들과 함께 사건을 이해하고 해석하기에 급급했다. '윤석열퇴진을위해행동하는청년들'(약칭 윤퇴청)에서 나온 글을 보면서 논의하기도 했다. 나와 동료들은 광장에 모인 사람들이 어떻게 해야 진보정당, 진보정치로 다시 조직화될 수 있을지 많이 고민했다.

이재정 비상계엄 이전에는 한국여성단체연합 활동가, 국회 비서관 등으로 활동했다. 대학원에 들어가 연구자 생활에 집중하려던 차에, 2024년 11월부터 국정 농단을 둘러싼 교수들의 시국 선언이 잇따라 나오는데 대학생이나 청년 중심의 시국 선언은 잘 보이지 않는다는 문제의식이 생겼다. 그래서 11월 23일부터 친구들과 함께 '청년시민시국선언'을 쓰기 시작했다. 온라인으로 공유한 지 일주일 만에 200여 명이 연명했고, 11월 28일에는 선언문을 이태원이라는 상징적인 장소에서 발표했다. 이후 국면을 지켜보다가 12월 3일 비상계엄이 선포되는 말도 안 되는 상황을 마주했다.

그전부터 민주주의와 시민사회 운동을 계속 고민해 온 입장에서, 12.3 비상계엄 사태에 대응하는 것이 우리 세대가 해야 할 하나의 민주화 운동이 되리라 직감했다. 그래서 12월 3일에 바로 친구들과 함께 국회로 달려갔다. 당일에 바로 달려올 수 없었던 사람들을 위해 12월 4일 오전 11시에는 '청년시민광장'을 열었다. 새벽 4~5시쯤 온라인에 올렸는데도 30~40명의 시민이 모여 릴레이 발언을 했다. 그날 모인 시민들을 중심으로 단체 채팅방을 만들고, 실무팀을 꾸려 조직적으로 '윤퇴청' 활동을 시작했다. 함께 활동했던 친구들은 대부분 시민사회 운동 경험이 없는 취업 준비생이나 대학생이었다. 성비는 반반 정도였다.

윤석인 2024년 11월 9일부터 11월 30일까지 매주 토요일 윤석열 퇴진 또는 거부권 거부 투쟁이 계속됐고, 12월 7일에는 윤석열 퇴진 총궐기 투쟁이 예고됐다.

이한솔 9~10월쯤 '윤석열 거부권 거부 투쟁'을 준비할 때부터 그 움직임에 합세했다. 청년 시민사회가 이에 어떤 방식으로 결합할지 고민하다가, 농담조로 조만간 윤석열이 큰 문제를 일으킬 테니 그때까지 인력을 낭비하지 말자고 이야기했다.

사실 시민사회가 자립 모델, 네트워크, 세력 등을 충분히 갖추고 적절한 기회가 왔을 때 그 힘을 터뜨려야 한다고 생각했기에 당시에는 사람을 모으고 수익 모델 등을 준비하고 있었다. 그러나 예상보다 빨리 큰 문제가 발생했다. 시민사회 전반은 '비상행동'이 잘 이끌 것으로 생각해, 윤퇴청을 비롯한 청년 단체들이 연대체를 꾸리고 장기적으로 대응할 수 있는 체계를 갖추는 활동을 했다.

이주원 대학 총학생회를 활동 기반으로 삼고 있어서 정부의 고등교육 정책에 관심이 많다. 윤석열 정부 출범 뒤 첫

교육부 장관 후보자였던 김인철 전 한국외국어대 총장의 문제들을 공론화하고, 수차례 기자회견과 언론 인터뷰에 참여했다. 김 후보자가 사퇴한 이후에도 대학 R&D 예산 삭감, 여성가족부 폐지, '전국장애인차별철폐연대'(약칭 전장연) 지하철 시위 등 개별 사안들을 주제로 토론하는 작은 집담회들을 조직하기도 했다. 이태원 참사 후에도 청년 대학생 활동가들과 거리에 나갔지만, 그 당시에는 윤석열 퇴진보다 진실 규명을 중요하게 생각했다. 한국 사회가 세월호 참사 이후에도 바뀌지 않았고, 이태원 참사와 채 상병 순직 사건 등 여러 문제가 누적돼 윤석열 퇴진 운동이 본격화했다고 이해한다.

12.3 비상계엄 이후부터 광장에 나갔다. 광장에 나온 조직에 관심이 많았다. 시민사회에 많은 조직이 있지만 대학 총학생회 역시 대의제가 보장하는 대표성을 지닌 큰 사회조직임에도 이번 탄핵 과정에서 큰 역할을 하지 못했다고 생각한다. 물론 많은 단위가 기자회견도 하고 성명도 냈지만 박근혜 촛불 때와는 달리 대학 총학생회가 광장에서 눈에 잘 띄지 않았다. 오히려 대학 내 동아리, 온라인 커뮤니티에서 조직한 대학생 그룹이 다양한 깃발들을 들고 나왔다.

후배 총학생회장들은 총학생회가 '윤석열 퇴진'을 외치면 정치적으로 편향된 것처럼 보일 것을 우려했다고 한다.

대학 학생 자치의 '탈정치화'가 어제오늘 일은 아니지만, 개인적으로 많이 안타까웠다.

의견 개진에 소극적인 학교들도 있었지만 한국외대, 이화여대 등 여러 대학이 기자회견을 열어 성명문을 발표하기도 했다. 이런 학교들에는 극우 유튜버들이 지지 세력을 이끌고 와서 현수막을 찢거나 학생들에게 물리적 폭력을 행사하고 협박하는 일도 있었다. 물론 총학생회의 주요 역할은 대학이라는 공동체 내 자치 활동이지만, 총학생회는 민주화 운동을 비롯한 사회 개혁에서 상징적인 역할을 해왔다. 이들이 사회적 역할을 재정립할 수 있도록 하는 사회적 기반이 필요하다고 생각했다.

윤석인 총학생회 이름으로 시국 선언, 기자회견을 하는 것을 망설인 시점이 12.3 비상계엄 전인가, 후인가?

이주원 전에도 후에도 그랬다. 윤석열 정부 집권 기간만의 이야기는 아니다. 비상계엄이라는 역사적 사건 이후에도 망설일 수밖에 없는 상황에 주목했다. 탄핵 국면에서 대학생들은 총학생회 명칭 아래 활동하기보다는 '대학생 시국회의' 등 다양한 청년 조직에서 활동했다.

양이현경 윤석열의 주요 공약이 '여성가족부 폐지'였기 때문에 여성단체는 비상계엄 이전에도 윤석열 정권과 세게 부딪혀 싸웠다. 여성단체는 2022년 대선 때부터 집회, 기자회견, 대(對)국회의원·대민주당 활동 등 온갖 노력을 다하고 정권과 투쟁했다. 노조나 여성단체 탄압이 많았다.

한국여성단체연합 내부에서는 '정권 퇴진 운동' 시작 시점을 많이 고민했다. 여성연합은 정파 운동을 하는 단체가 아닌 시민단체이기 때문에 쉽게 결정할 수는 없었다. 그래서 결국 '거부권 거부 투쟁'이라는 이름이 나왔다. 사실 퇴진을 내걸 수 있을 만큼 당시에도 여러 문제가 있었기에 중요한 것은 정권 퇴진을 내거는 시점이었다. 대규모 집회를 두 번 정도 한 후에 비상계엄이 선포됐다. 여성연합 사무실은 국회까지 약 15분 정도 거리에 있었다. 계엄 선포 이후 곧장 국회에 가고, 시민단체끼리 회의하고, 다음 날 바로 기자회견을 하고, 집회를 준비하고, 비상행동을 어떻게 만들지 논의했다. 여성단체들은 전국에서 계엄 선포 직후 계엄 해제를 요구하는 성명서를 냈고, 탄핵 광장을 여는 활동도 전국적으로 실시했다.

윤석인 12.3 이전에도 퇴진 투쟁을 계속한 단체로는 '촛불행동'이 있었다. 그들은 윤석열 당선 직후부터 퇴진 투쟁을 계속했다. 다수 시민사회단체는 대체로 '퇴진'이라는 말을 전면에 내걸지 않았지만, 윤석열 정부에 대한 비판 공세는 계속 이어 갔다. 교수들의 시국 선언도 제법 많았다. 대학 총학생회 등 젊은이들이 백래시(backlash)를 두려워했다는 이야기도 매우 흥미로운데, 나중에 이야기를 좀 더 듣고 싶다.

기성세대도 언론도 12월 7일 탄핵 촉구 여의도 집회에 20~30대 여성들이 엄청나게 많이 모인 점을 주목했다. 나는 집에 있던 건전지로 작동하는 초를 들고 나갔는데, 모두 예쁜 응원봉을 들고 있어서 꺼내기조차 민망했다.

양이현경 여러 단체가 초를 준비했고, 집회 현장에서 나눠 주기도 했다. 그런데 활동가들이 이제 초는 준비하지 않아도 되겠다고 이야기했다.

이재정 이른바 '응원봉 부대'라고 하는 조직화되지 않은 청년들을 윤퇴청 활동을 하면서 많이 만났다. 윤퇴청에서 광장 참여 청년들을 대상으로 설문 조사를 하기도 했는데, 여성 청년들은 윤석열 정권의 반여성 행보 때문에 이전부터 성평등에 대한 문제의식을 가졌던 청년들이라는 점이 연구를 통해 밝혀지기도 했다.

이렇듯 이전부터 누적된 분노가 계엄으로 인해 분출해 광장에 나온 경우도 있고, 교과서에서나 보던 사건을 눈앞에서 목격했을 때의 압도적인 충격 때문에 집회 경험이 없음에도 광장에 나온 경우도 있다. 일반적인 직장 생활을 하는 친구들도 여의도 집회 때는 모두 서울로 올라와 참여했다. 해외에 있는 친구는 SNS로 소식을 팔로우하며 물품을 후원했다.

그런 사람들이 집회 문화를 변화시키는 데 주도적인 역할을 했을 것으로 생각한다. 집회 문화는 응원봉으로 상징되는 가시적인 측면도 많이 바뀌었지만, 질적 차원도 시민들의 참여로 많이 바뀌었다. 대표적인 것이 '평등하고 민주적인 집회를 위한 모두의 약속'으로 대표되는 평등한 집회 문화다. '공식적인 발언을 할 때는 누군가를 혐오하거나 배제하는 발언을 하면 안 된다'는 것이 암묵적인 규칙이었다. 주최 측도 이 문화를 지키려 노력했지만, 시민들도 이 규칙이 지켜지지 않았을 때 적극적으로 문제를 제기하며 서로 고유한 문화를 만들기 위해 노력했다.

청년 세대, 특히 청년 여성의 젠더 감수성이 높기 때문에 형성된 이런 문화가 그 이전 촛불 집회와 계엄 이후 집회를 가르는 결정적인 차이점이라고 생각한다. 촛불행동에 박원순 사건의 2차 가해자로 지목된 인물이 있다 보니,

SNS상에 '촛불행동 집회는 가면 안 되고, 비상행동 집회는 가야 한다'는 흐름이 만들어지기도 했다.

양이현경 최근에는 조직과 비조직을 이분법적으로 구분하는 것이 불가능할 수도 있겠다는 생각이 든다. 예전에는 단체가 기획하고 홍보해 회원들을 나오게 했는데, 요즘은 온라인의 다양한 플랫폼을 통해 개인이 자각해서 스스로 활동하고 서로 연결하며 커뮤니티를 만든다. 집회 문화에 대한 새로운 접근법이 필요하다. 이번 집회에서 가장 재미있었던 현상은, 통상 대규모 집회를 하면 앞쪽에 주최 측 주요 인물들이 앉아서 줄을 치곤 하는데 이번에는 그러지 않았다는 것이다. 어느 순간 가수의 공연을 보러 가는 덕질 문화처럼 응원봉을 들고 나온 젊은 여성들이 일찍 와서 앞쪽 줄을 차지했다.

'평등 약속문'은 여성연합이 만들었다. 젊은 여성들이 집회에 많이 참여한다고 해서 걱정이 컸다. 결국 며칠간 이어진 집회에서 누군가 혐오 발언을 했고, 곧바로 여성연합 담당자들이 평등 약속문을 만들어 연대회의에 제출했다. 그리고 연대회의나 비상행동에 '사회자가 계속 읽어야 한다'고 계속 요구했다. 실제로 공지사항처럼 꾸준히 읽은 덕분에 문화가 많이 바뀌었다고 생각한다. 박근혜 탄핵 때도 평등 약속문이 있었지만, 당시엔 회람만 되었을 뿐 그 내용을 공식적으로 읽거나 공유하지는 않았다.

세상의 변화에 가장 발 빠르게 대처하는 그룹이 여성단체라고 생각한다. 과거에는 학생운동이나 세미나를 통해 인권이나 소수자에 대한 감수성을 형성했지만 지금은 그렇지 않다. 모두가 감수성을 갖추고 있다. 그렇기 때문에 이번 집회는 안전하고 소수자 친화적인 집회로 만들 수밖에 없었다.

이한솔 시민사회단체가 자신의 역할이 변하고 있음을 자각해야 한다. 스스로가 전위적이고 선도적이라는 자만을 버려야 한다. 과거 시민사회단체, 특히 시민사회 엘리트층은 운동을 설계하고 대중에게 전파해 대중이 따르게 만드는 것이 자신들의 역할이라 인식하고 믿었다. 하지만 윤석열 계엄 이후에는 시민사회가 전반적인 흐름을 만드는 데 큰 역할을 하지 못했다. 이를테면 '남태령 대첩'은 시민들이 먼저 움직인 후에 시민사회가 집회를 조직할 수 있도록 지원한 사건이었다. 시민단체가 미리 촛불을 준비했지만 응원봉 문화가 형성된 것도 그들의 기획이 잘 먹히지 않는다는 증거다.

다만 시민들이 만들어 낸 흐름을 잘 조직한 것은 대단했다. 그리고 그것이 곧 바뀐 시민사회의 역할이라고 생각한다. 총학생회가 어려운 이유도 비슷하다. 지금 시민사회에게 중요한 능력은 운동을 설계하는 능력보다는 시민들이 어떤 흐름을 만들고 있는지를 정확하게 파악하는 능력이다. 그리고 그 흐름을 조직화하고 지원해서 장기적인 운동으로 전환하는 능력이다.

윤석인 시민사회의 기획 기능은 이명박 촛불 때도 크지 않았다. 시민사회단체가 그런 역할을 하려고 하면 집회에 자발적으로 모인 시민들에게 비난받곤 했다. 앞선 좌담회에서 참여연대 이태호 위원장은 그럼에도 시민사회단체가 광장의 대규모 집회를 준비하고 관리·운영하는 전문성을 갖고 있다는 점이 중요하다고 주장했다. 물론 '키세스 시위', '남태령 대첩'은 예상하지 못한 방식으로 일어났지만, 후속 과정에서 시민사회의 역량을 엿볼 수 있었다.

이한솔 과거에는 시민사회가 예기치 못한 일이 없었다는 주장은 아니다. 1987년에 화이트칼라들이 휴지를 던져 줄 줄 누가 알았겠나. 다만 이명박 집권 초기 광우병 집회 때는 시민사회가 광우병이라는 매개를 통해 시민을 끌어내려는 의도와 그들의 설계 역량이 크게 작용했다. 박근혜 때도 그 역량에 힘입어 23차까지 집회가 이어졌다. 시민사회의 기획이 운동에 큰 영향을 끼치는 시절이 있었기 때문에 이태원 참사에 대한 대응, 거부권 거부 운동 등이 가능했다. 설계가 불필요하다는 것은 아니다. 다만 사람들이 원하는 것을 파악하는 능력이 점점 더 중요해지고 있다는 것을 강조하고 싶었다.

정유현 정당 운동과 시민사회 운동을 같이했던 동료들의 의견도 비슷하다. 최근 집회에서는 '리더 없는 리더십', '중심 없는 중심'이 강조되는 경향이 두드러졌다. 리더와 조직은 완전히 사라지지는 않았지만 잘 드러나지 않는 방식으로 다원화됐다. 정당 운동을 하는 사람들은 이런 경향 속에서 어떤 리더를 발굴하고 어떤 원동력으로 사람들을 모이게 할 것인지 고민하고 있다.

광장의 민주당과 시민사회

윤석인 주제를 약간 벗어나는 이야기지만, 민주당은 박근혜 탄핵 때는 광장에 합세하기를 망설였다. 그러나 이번에는 비상계엄이라는 중대한 사건이 일어났고 국회가 계엄을 해제했다. 물론 광장의 역할도 컸다. 다만 이렇듯 조직과 비조직 구분 없이 보이지 않는 리더들이 노력해서 난국을 타개했는데, 민주당은 시민들의 참여와 저항을 중요하게 여기지 않는 것 같다.

이재정 2025년 3월 8일 지귀연 재판부의 '윤석열 석방'이 결정되기 전까지 민주당은 집회에 적극적으로 결합하지 않았다. 장기전이 될 것이라고 예상하지 못했던 것 같다. 오히려 정당인들은 튀는 행동을 하면 안 된다는 암묵적인 분위기가 있어 적극적으로 활동하기 어려웠다고 한다.

윤석인 민주당은 윤석열 석방 이후부터 본격적으로 가세했는데도 시민사회의 역할이 크지 않았다는 분위기를 조성하는 것 같다.

이한솔 진단은 정확해야 한다. 사건 이후 언어화하는 작업이 중요하다. 민주당에는 탄핵 국면에서의 시민사회의 역할을 축소하고 민주당의 역할을 강조하는 김어준을 비롯한 인물들이 있는데, 시민사회에는 그런 영향력을 발휘하는 사람이 없다. 이재정 씨와 함께 활동하고 있는 '불평등 물어가는 범청년행동'(약칭 범청년행동)에서 광장에 참여하지 않은 청년 100명을 대상으로 인터뷰를 했다. 그중 광우병 집회 이후 보수를 선택한 청년도 있는데, 그들은 대부분 광우병 때 시민사회단체에 선동당해 집회에 참여한 이후로는 진보 진영을 믿지 않게 되었다고 말한다. 물론 구성된 발언이라 완전히 신뢰하지는 않는다. 다만 상당수가 그런 방식으로 자신의 선택을 합리화한다는 것이 중요하다. 그들의 말이 사실인지 여부와 무관하게, 2008년 촛불 집회를 언어화하는 과정에서 그런 프레임이 영향력을 발휘했다는 증거다.

양이현경 1987년 이후 20~30년간 변화한 정당과 시민사회의 위치를 고려해야 할 시점이다. 1987년 직후에는 시민사회가 준정당적 역할을 많이 했지만 최근에는 정당정치가 매우 확장됐다. 시민단체의 역할은 여전하지만 시민들은 정당에서 효능감을 많이 느낀다. 민주당의 권리 당원은 150만 명이 넘는다. 정당은 권력도 가졌고 동원력도 있다.

하지만 민주당과 시민사회 가운데 누가 더 큰 역할을 했는지 평가하는 행위 자체에 문제를 제기해야 한다. 물론 민주당이 동원령을 내리면 당원 모두 같은 옷을 입고 같은 깃발을 들고 온다. 하지만 그러지 않을 때도 그들은 시민으로서 광장에 참여한다. 즉 시민이 자기 정체성을 표현하는 방식은 여럿일 수 있다.

과거에는 박원순이나 여성계 인사, 환경 운동 인사, 학계 인사 등 시민사회 리더십이 분명하게 보였다. 리더십을 중심으로 운동했고, 그런 운동이 필요했다. 그러나 개별적 리더십이 보이지 않는 방식으로 시민사회 운동이 변화할 때, 외부에서 이를 '시민사회는 리더십이 없다'고 평가하는 게 올바른지는 의문이다. 세계관이 변했다면 평가 기준도 달라져야 하지 않을까.

윤석인 앞선 좌담과 분위기가 좀 다르다. 앞선 좌담에서는 광장 시민들의 노력이 헛되지 않도록 하려고 비상행동이 광장대선연합정치시민연대 이름으로 민주당 등 야 5당과 협의해 2025년 5월 9일 발표한 공동선언이 잘 지켜지지 않는 것에 분노하는 듯한 분위기였다.

양이현경 시민사회는 정치권에 협상력이나 조정력 등의 영향력을 어떻게 발휘할지 고민할 수밖에 없다. 명확한 리더십이 있다면 정치권이나 정부와 협상하기 좋지만, 요즘에는 그런 리더십이 없으니 협상이 어렵다.

윤석인 5월 9일 공동선언을 모두 읽어 보았는지, 공동선언에 대해 처음 듣는 분도 있는지….

이주원 처음 들은 것은 아니지만, 내용을 다 알지는 못한다.

윤석인 비상행동에게 공동선언은 매우 중요했다. 비상계엄 직후 '윤석열즉각퇴진·사회대개혁 비상행동'을 조직할 때 명칭에 '사회대개혁'을 넣는 데 고심했다고 한다. 1700여 개 단체가 참여한 비상행동이 광장을 성공적으로 이끌었을 때 민주당이 독식하는 것을 견제하기 위해 '사회대개혁'을 넣었다고 한다.

그리고 2025년 4월 4일 헌법재판소의 탄핵 인용 후 대선 국면에서 민주당 등 정당들과 정치 협상을 하기 위해 별도로 '광장대선연합정치시민연대'를 조직하고 5월 9일에 마침내 민주당 등과 공동선언을 했다. 공동선언의 주요 내용은 대선 승리 후 국정을 완전히 새로 조직하는 사회대개혁이다. 개헌 외에도 열한 개의 굵직한 과제를 열거하고 있다. 그렇게 큰일을 하기로 합의했는데, 정작 민주당은 사회대개혁위원회 설치에 소극적이고 공동선언에 담긴 개혁 과제들에도 크게 신경 쓰는 것 같지 않다. 그런데 앞선 좌담과 달리 오늘 이 자리에 계신 분들은 이 문제에 별 관심이 없는 것 같다.

이한솔 선언에 돈이 드는 것도 아니고, 선언에 큰 의미를 두는 것은 무의미하다. 선언에 뒤따르는 성과가 있어야 평가도 할 수 있는데, 성과가 없으니 선언을 했는지 안 했는지도 모르는 것 아닐까? 사람들은 구체적으로 국정이 어떻게 달라지는지에 관심이 있지, 5월 9일에 공동선언을 했는지 안 했는지에 관심을 두진 않는다. 나도 공동선언이 있었다는 사실은 알지만, 공동선언에 집착하는 것은 명분을 위한 일이라는 생각이 든다.

공동선언은 약속이니 이행해야 한다는 주장도 납득하기 어렵다. 약속에도 여러 종류가 있다. 다음에 밥 먹자는 말도 약속이고, 임대차 계약서를 쓰는 것도 약속이다. 공동선언이 효력이 있는 약속이 되려면 그 약속을 이행하기 위한 노력이 뒷받침되어야 한다.

양당 체제의 문제와 그 대안

제21대 대통령 선거의 의미

윤석인 다음으로 대선과 그 이후 국면에 대한 논의로 넘어가면 좋겠다. 먼저 대선에서 민주당 후보의 득표율이 50%에 못 미쳤고 내란을 옹호하는 후보의 득표율이 41%에 달했던 현상에 대한 의견을 공유해 보자.

정유현 원외 정당이나 군소 정당에 소속된 사람들은 거대 양당에 흡수되지 않는 사람들의 목소리를 대변할 사람들이 필요하고, 그런 사람들을 위한 틈을 조금이라도 더 확장하자고 생각했다. 이 틈 때문에 이재명 지지는 안 할 것이라는 확신은 있었다. 그러나 이재명의 득표율이 50%에 못 미친다는 사실은 여전히 민주당이 반성해야 할 지점이 있다는 것을 보여 준다고 생각한다. 20대 대통령 선거 이후 심상정 때문에 이재명이 졌다는 이야기가 많이 나올 때, 정의당이 아닌 자기들의 잘못 때문에 민주당이 졌다는 이야기가 잘 먹히지 않았다. 그 이후 민주당이 무엇이 달라졌는지 자성해야 한다.

이한솔 득표율 분석은 뇌피셜에 가까워서 큰 의미는 없는 것 같다. 다만 이준석이나 김문수를 뽑은 사람들에게 그 이유를 종종 묻곤 했다. 선거는 내란과 무관하게 흘러갔고 사람들은 계엄을 염두에 두고 투표권을 행사하지 않았던 것 같다. 그저 민주당이 50% 정도의 지지를 받고 있다고 생각할 뿐이다.

윤석인 앞선 좌담회에서는 득표율 50%를 넘기지 못한 데 대한 아쉬움도 일부 토로했다.

양이현경 50%를 기준으로 삼는 이유가 궁금하다. 문재인 전 대통령도 박근혜 탄핵과 파면 이후 치러진 선거에서 득표율이 41%였는데, 그때보다 8% 이상 더 득표한 것 아닌가.

정유현 오히려 김문수가 41%를 얻은 배경이 더 중요하다.

윤석인 2017년 대선은 여러 후보가 고르게 득표했다. 2등 홍준표의 득표율이 24%였고, 3등 안철수가 21%였다. 유승민과 심상정도 6%대 득표율을 기록했다. 올해 21대 대통령 선거는 명백히 '내란을 심판하는 선거'라고 생각했는데, 내란 심판에 투표한 사람이 절반에 못 미쳤다. 상대 후보가 김문수가 아니었다면 자칫 결과가 뒤집어질 수도 있었겠다는 불안감 때문에 50%를 기준으로 논의한 것이다. 김문수와 이준석의 득표율을 합치면 거의 50%다.

이재정 주로 40대 이상이 50%를 기준으로 삼는 것 같다. 민주화 운동을 경험했던 세대는 이 선거를 '민주 대 반민주', '이재명 대 김문수' 구도로 봤으니 50%를 유효한 기준으로 생각하는 것 같다. 그러나 20~30대의 표는 매우 분산되었다. 이준석의 득표율은 그들이 거의 만들어 주다시피 했다.

상대편 후보를 저지하기 위해 이재명이나 김문수를 뽑

은 사람들이 매우 많았다. 이준석에게 투표한 사람들은 양당 구도에서 나름대로 '소신 투표'를 한 사람들이다. 이준석에게 투표한 사람과 김문수에게 투표한 사람은 질적으로 다르다. 이준석에게 투표한 사람들이 추구하는 가치는 세대교체나 양당에서 놓치고 있는 AI, 기후 위기, 연금 등의 미래 의제였다. 거대 양당은 청년 세대의 마음을 흡수할 수 있는 전략을 고민해야 한다.

이주원 거대 양당 구도에 대한 청년 세대의 피로도가 매우 높은 것 같다. 민주화를 경험한 세대에게는 윤석열의 비상계엄이 단순한 실책 정도가 아니라 국가 전반을 흔든 행위인 게 분명하지만, 20~30대에게는 반드시 그렇지는 않은 것 같다. 또 조기 대선이 비상계엄과 별개라고, 내란을 심판하기 위해 이재명을 뽑아야 할 이유는 없다고 생각한 사람도 많았다. 민주당이 잘 되는 모습을 보고 싶지 않다는 심리가 있었던 것 같다.

내가 속한 모임에 나오는 이준석을 뽑은 청년들은 자신이 소신 투표를 했다고 생각한다. 양당 체제에서 청년들의 목소리가 수용되지 않는다고 느낀다. 그래서 사회 이슈들을 잘 꿰고 있는 것처럼 보이는 이준석에게 투표한다. 이준석 득세에 대한 개인적인 해석이기도 하고, 투표자들이 직접 그렇게 말하기도 했다.

이재정 한국 사람들은 특정 세력에게 권력을 몰아주는 것을 경계한다. 민주당이 많은 국회 의석을 차지하고 있는 상황에서 행정권까지 가져가는 것에 부담을 느꼈던 것 같다. 극우 유튜버나 음모론자들이 '민주당이 행정권까지 쥐면 나라를 중국에 넘길 것'이라는 이야기를 하니, 사람들이 그 말을 온전히 믿지는 않아도 한번 의심을 하게 되는 것 같다. 일반 회사 다니는 한 친구는 요즘 비자가 풀려 중국 여행을 엄청 다닌다. 그런데 회사 사람들이 왜 중국을 많이 가느냐고 묻고, 신나서 여행 이야기를 하려고 하면 중국 이야기는 하지 말라고 한단다. 중국과 민주당을 부정적으로 엮는 프레이밍이 일상에서도 작동하는 것 같다.

이주원 유튜브뿐만 아니라 현수막에도 극단적인 표현이 많다. 최근에는 시진핑 얼굴과 이재명 얼굴을 나란히 둔, '중국이 조종한 부정선거로 당선된 대통령은 인정할 수 없다'는 취지의 메시지가 담긴 현수막을 본 적이 있다. 청소년을 포함한, 일상적인 삶을 영위하느라 바빠서 매번 사실 확인을 할 수 없는 시민들이 이런 내용에 매일같이 노출되는 현 환경이 우려스럽다.

양이현경 내란을 심판하려면 민주당을 뽑아야 한다는 의식이 젊은 세대에서는 흐려지고 있다. 예전에는 민주당이 민주화 운동을 했던 사람들이 이끄는 당이라고 인식됐지만 지금은 그렇지 않다. 정치적 노선이나 강령이 너무 예전 그대로여서 문제라는 생각도 든다. 더 큰 문제는 시민들의 진보정치에 대한 실망이 계속된다는 것이다. 민주당을 지지하지 않는다고 진보정당을 지지하는 것도 아니다.

윤석인 올해 21대 대선에서 진보정당 후보의 득표율은 역대 최저 수준이었다.

양이현경 그렇다. 그래서 시민단체로서는 한국 사회의 보수화를 감지하고 그에 대응하는 것이 과제다.

윤석인 국민의힘을 '내란 정당'이라고 비난하면서도 법률이 정한 바에 따라 대선을 함께 치를 수밖에 없었다. 그런데 지금 민주당이 '내란 정당 해체'를 전면에 내걸고 그쪽 의원과는 악수도 하지 않는 분위기를 어떻게 생각하는가?

이주원 개인적으로는 내란을 일으킨 지도자의 정당을 해체해야 한다는 뜻에 공감하는데, 그 메시지가 보편적인 설득력이 있는지는 의문이다.

윤석인 국민의힘은 '윤석열 어게인'을 외치며 전당대회를 치르고 있다. 도대체 시민을 무엇이라 생각하는지 알 수가 없다. 기가 막힌다.

양이현경 국민의힘 소속 의원들은 다수가 계엄 해제 등에 대한 국회 표결이나 다른 절차에 참여하지 않았다. 그런 행보는 한국의 공당으로서 적절하지 않다. 그런 정당의 후보가 41%를 득표했다. 시민사회나 진보 진영에서 자조적으로 '한국 사회의 30%는 국민의힘 후보가 범죄를 저질러도 뽑아 줄 콘크리트 지지층'이라고 말하지 않았나. 그들은 사라지지 않을 것이고, 국민의힘이 해산해도 다른 정당이 만들어질 것이다.

윤석인 한국 사회를 움직이는 요인은 변화해 왔다. 과거에는 계급과 민족이었고, 이후 지역·세대·젠더 등으로 변화했다. 그중에서도 지역이 여전히 정당의 강성 지지층을 형성하는 핵심 요인이라는 의견이 있는데, 어떻게 생각하는가?

이한솔 지역은 지역구 국회의원 선거가 있는 한 유효한 기준이다. 그리고 2010년대까지는 압도적인 기준이기도 했다. 하지만 투표의 기준은 시간이 지나면서 조금씩 달라진다. 지역이 아닌 젠더, 기후 등을 가장 중요하게 생각하고 투표하는 사람들이 늘고 있다. 과거에는 지역에서 국민의힘에 주는 표가 더 많았기에 민주당이 총선에서 과반을 득표하기 어려웠지만, 최근에는 민주당이 선거 전략이 미비해도 크게 이기는 경우가 생긴 이유다.

이주원 국회의원들이 열심히 각종 지역 행사에 참여해서 조직 활동을 하는 것만 보더라도 지역 기반 지지 세력이 여전히 중요한 것 같다.

이재정 지역 문제 가운데 수도권에 자원이 쏠리는 현상에 주목하고 있다. 청년이 수도권으로 이전하는 흐름이 가속화하는 상황에서 지역에서 건강한 정치 문화나 세대 교감 등이 이루어질 수 있을지 걱정된다. 지역 청년이 소멸하자 지역 청년 거버넌스는 청년의 기준 연령을 점점 높이고 있다. 청년 정책인지 중년 정책인지 알 수 없게 되기도 한다. 수도권과 비수도권의 격차 문제, 그 안에 산재하는 다양한 의제들도 고민해 봐야 한다.

시민정치의 정치 세력화

윤석인 다음 주제로 넘어가자. 미래 세대가 원하는 대한민국으로 나아가기 위해서는 현재의 정치 구도를 뛰어넘는 새로운 '장르'로서의 시민정치를 만들어야 하는지 그리고 그것이 가능하다고 생각하는지 묻고 싶다. 민주당은 스스로가 '중도 보수'라고 명확히 선언했다. 그렇다면 진보를 대변하는 새로운 정치 세력을 어떻게 조직해야 할까.

양이현경 우리나라에서는 선거제도를 개혁할 뿐만 아니라 양당 체제를 혁파해야 한다는 논의가 지난 수십 년 동안 이루어졌다. 민주당의 성격을 진단하는 것도 중요하지만, 정치 세력을 다양화할 수 있는 기반을 마련하는 것이 더욱 시급하다. '결선투표제'를 꼭 도입해야 한다. 그러면 민주당도 조금은 변화할 것이다. 민주당이 실제로 중도 보수의 자리를 맡아도 된다고 생각한다. 그러면 또 다른 진보 세력들이 성장할 수 있는 기회가 생길 것이다.

정유현 대통령제 국가에서는 양당 체제가 무너지기 어렵다. 우리 손으로 뽑은 대통령을 우리 손으로 계속 끌어내리고 있는 상황도 좋지 않다. 따라서 대통령제 자체를 없애기 위한, 예를 들면 내각제를 도입하자는 논의를 시작해야 한다. 물론 내각제를 선호하지 않는 시민들이 많지만, 지금과 같은 양당 체제에서는 정치적 다양성을 지켜 내기 어렵다.

윤석인 1987년에 '대통령을 내 손으로' 뽑기 위한 싸움에서 승리했고 그것이 87년 체제를 유지하는 동력이라는 국민의 자부심이 있다. 그래서 아직은 내각제를 논의하기 어렵다는 분위기가 있는 것 같다.

이한솔 시민들의 정치 참여, 정책 참여, 주권 보호와 대안적 정치 세력화는 교집합도 있지만 다른 부분도 많아서 혼용해서는 안 된다. 전자는 시민사회의 역할이고, 정치 세력화는 정당 운동을 하고 싶은 사람들의 역할이다. 시민사회가 기반이 탄탄하다면 대안적인 정치 세력 구성에 영향을 줄 수 있겠지만 말이다. 정당 운동에 관심 있는 사람들이 정치 세력화를 하고 기성세대는 관심 있는 세력을 지원하면 되는데, 시민사회와 정치 세력화를 자꾸 섞으려 하니 이도 저도 안 된다는 느낌이 든다.

이 문제에 개헌까지 엮으면 시민들은 어차피 불가능한 일이라 생각해 참여하지 않을 것이다. 개헌은 '최소 합의'로 했으면 좋겠다. 약 40년 동안 헌법이 안 바뀌어서 그런지, 어르신들은 내각제를 포함해서 모든 것을 다루고 싶어 한다. 이 욕망이 개헌을 못 하게 한다고 생각한다. 최소 합의로 지방선거 때 가볍게라도 개헌에 성공하면 시민들도 개헌을 어렵지 않게 받아들일 것이다.

정유현 비슷한 이야기를 하는 청년 동료들이 많다. 완벽한 개헌은 불가능하다고 생각하면서 단계적으로 작은 정치적 효능감이라도 느끼고 싶어 한다.

이주원 대안적인 정치 세력화는 불가능하다고 본다. 시민사회 안에는 너무 다양한 목표와 의지가 있다. 자리를 잡은 주요 단체들은 물론이고 급진적인 단체들도 있는데, 그들이 대의를 위해 세력화하기는 어려울 것이다.

양이현경 여성단체는 운동의 전략 중 하나로 여성의 정치 세력화를 오랫동안 강조해 왔다. 직접 후보 진출 운동도 했다. 1990년대 초부터 2000년대까지 전 세계에서 여성 정치 세력화를 시도한 이유는 기존 정치에서 여성의 대표성이나 성별 균형이 문제적이었기 때문이다. 소기의 성과는 있었다. 그러나 현 상황에서 시민사회의 정치 세력화 운동을 하고자 한다면 시민단체 운동과 어떤 관계를 맺을지 고민해야 한다. 2024년 총선 때 민주당·진보당·시민사회가 함께 위성정당을 만들었을 때 시민사회, 특히 여성연합 안에서도 논란이 있었다. 과거에는 시민단체 대표나 리더들이 국회에 많이 진출했지만, 요즘에는 이에 대한 비판과 우려가 많다. 그럼에도 시민사회의 진출이나 정치 세력화가 필요하다면 이제는 새로운 방법을 찾아야 한다.

윤석인 앞선 좌담에서는 시민들이 일상적으로 정치적인 의견을 표출할 수 있는 시민정치 채널을 만들어야 한다고 주장한 분이 있었다. 집회가 끝나면 '털고 일어나' 자기 단체의 고유 활동으로 돌아가는 것이 너무 아쉽다는 것이다. 그런 시민정치가 진보정치의 토대를 넓히는 계기가 되기를 바라는 분도 있었다. 물론 광장 이후 시민사회가 물러나는 것이 당연하며, 이 역시 광의의 정치적 행동이라는 의견도 있다.

나는 오래 전부터 '시민운동은 필수, 정치는 선택'이라고 늘 이야기했다. 자신의 선택으로 정치권에 갈 사람은 가면 된다는 뜻이었다. 그런데 지금은 한 정당에 자발적으로 가입한 당원이 150만 명이 넘는 시민 참여 정치의 시대다. 다른 정당에도 시민이 많이 참여한다. 이렇게 열성적인 당원을 가진 나라는 전 세계적으로도 드물다. 이런 상황에서 시민사회단체가 여전히 정치적 중립을 고수하는 것은 옳지 않다는 문제의식에서 '새로운 장르로서 시민정치'의 필요성을 느끼는 사람들이 있는 것 같다.

이한솔 시민 참여 거버넌스를 잘 구축해 제도에 접근하기 어려웠던 시민의 권리를 스스로 제한하고 보호하며 권한을 확보하는 작업은 중요하다. 잘 이루어지길 바란다. 하지만 정치 세력화는 시민 참여 거버넌스 구축과 별개의 작업이어야 한다. 정치 세력화를 위해서는 미디어나 대표 인물 차원에서 전혀 다른 전략이 필요하다. 거버넌스 구축을 정치 세력화로 오인하면 두 마리 토끼를 잡으려다 모두 놓치는 상황이 벌어질 것이다.

시민사회의 과제는 대안 정치 세력을 형성하는 것이 아니다. 국민의힘으로든 민주당으로든 대안 정치 세력으로든 정치적 영향력을 가진 인물을 많이 배출해야 한다. 요즘 국회, 행정부, 국정기획위원회 일에 참여하면 시민사회 출신이 많이 줄어든 게 느껴진다. 기성 정치인들이 일을 너무 못해 화가 날 정도로 답답하다. 시민사회의 일 잘하는 사람들이 정치권에 진출해야 한다고는 생각하지만, 이와 정치 세력화는 다른 문제다. 각자 위치에서 맡은 일을 잘하다가 서로 필요할 때 만나면 되지 않겠나.

이재정 과거에는 민주당도 어느 정도 시민사회 운동을 자신들이 포괄해야 한다는 책임감이 있었고, 시민단체도 정치 전략으로서 잘 훈련된 인물을 민주당으로 보냈다. 지금은 민주당의 책임감도, 시민단체가 정치권으로 인물을 배출할 경로도 희미해졌다. 최근 시민사회의 주요 의제인 젠더, 특히 여성·성소수자 문제를 민주당이 배척하는 행보를 보인 것이 이런 상황을 만들었다고 생각한다.

진보정당도 유의미한 지지를 받지 못하는 상황에서 시민사회가 대안 정치 세력을 만들기는 어렵다. 여러 사건을 겪은 시민단체 활동가들이 정치를 불신하게 되기도 했다. 오히려 활동가는 정치와 거리를 두면서 비판적 입장을 견지해야 한다는 분위기가 커지고 있어서 정치와 시민사회가 분리되고 있다. 과거 시민사회의 대표 인물들은 학생운동, 민주화 운동을 같이한 정치인들을 통해 정치권에 개입할 수 있었다. 하지만 요즘 청년 활동가들은 그런 방식으로 정치권에 개입하기 어렵고, 민주당도 이들을 챙겨야 한다는 책임감이 없다.

윤석인 시민사회 활동가는 정치해선 안 된다는 분위기가 강하고 동시에 이들이 정치권에 영향력을 행사할 수도 없다면 더더욱 새로운 시민정치가 필요한 것 아닌가? 나도 여러분과 똑같이 생각하면서 정치를 하지 않았지만, 그래도 과거에는 시민사회가 열심히 하면 정치인들이 눈치는 봤다. 시민사회의 선임 활동가들이 시민정치를 한다면서 대거 민주당에 들어가기도 했다. 2010년 지방선거를 앞두고 '희망과 대안'을 만들면서 지방선거, 총선을 거쳐 들어갔다.

이한솔 시민사회가 시민정치를 포기한 적은 한 번도 없다. 수많은 젊은 활동가들이 각자의 위치에서 계속 고민하고 있다. 다만 돈 벌 방법도 찾아야 하고, 미디어 전략도 세워야 하고, 커뮤니티를 조직할 역량도 개발해야 하고, 시민사회의 일은 아니지만 결선투표제도 도입해야 한다. 문제는 여기에 자원을 연결해 줄 사람이 딱히 없다. 신기루를 좇는 느낌이라서 그저 결선투표제 도입을 지지한다는 견해 표명 정도에 그치게 된다.

윤석인 좌담회의 목적은 문제점을 드러내자는 것이지 꼭 해법을 만들자는 것은 아니다.

이주원 모두 문제의식은 있지만 명확한 방법을 떠올리지는 못한다. 정당을 새로 만들어야 하는지, 아니면 새로운 플랫폼을 만들어야 하는지, 그 외의 더 나은 대안이 있는지 알기 어렵다.

청년 정치의 위축

윤석인 그동안 크게 보면 두 가지 시도가 있었다. 진보정당을 만드는 운동을 하거나, 진보정당으로는 국회 진출이 어려우니 명망가 중심의 제3당을 만드는 운동을 했다. 물론 창당이 시민사회의 목표가 아니라고 생각하는 이들도 많았다. 시민사회 운동을 넓게 펼쳐 나가는 것이 더 중요하다며 묵묵하게 일하는 사람도 많았다.

그런데 오늘 좌담회 분위기로만 보면, 진보정당이든 제3당이든 새로운 정치적 시도를 해 보자는 논의는 이루어지기 어렵다는 느낌이다. 특히 청년들이 정치 참여에 소극적일 수밖에 없다는 논지의 이야기가 많았다.

정유현 오늘날 20~30대들은 지금 생계가 매우 고민이다. 어떻게 먹고 살지가 매우 중요한데, 이재정 씨도 말했듯이 정치에 적극 참여하는 50대 이상은 대부분 전문직이다. 변호사 하던 사람들이 정치로 가거나 큰 단체의 대표였던 사람들이 민주당에 영입되거나 하면서 기반이 있는 사람들이 보통 정치도 한다. 지금 20~40대 초반까지는 기반이 없는 사람들이 매우 많고, 자기 일하기에도 벅찬 상황에서 정치까지 할 수가 없다. 그렇다면 50~60대의 기반이 있는 사람들이 그들을 지지하며 자원을 주어야 한다고 생각한다. 무엇을 해 보는 것이 어떻겠냐고 묻기보다는 돈, 자원을 만들어 달라는 이야기다. 사람을 만들어 주셔야 한다.

이한솔 자원이 필요하다. 이준석은 돈 안 벌고 10년간 활동해서 성공했다. 내가 진보정당 운동을 하겠다고 나섰다 치자. 누가 10년간 활동비를 월 500만 원씩, 사업비까지 더해 월 1000만 원씩 주겠나. 해법을 알아도 말하는 것이 무의미하다. 비관적으로 들릴 이야기를 해서 미안하지만, 총대를 메고 자기 인생을 망칠 확률이 99%에 달하는 진보정당 운동을 할 사람은 없다.

네덜란드는 시민 참여 거버넌스를 구축해 난민 문제 같은 진보적 의제도 정치에 잘 반영했다. 정치 세력화를 의도하지 않고 시민 참여에 집중해 성과를 낸 좋은 사례다. 어차피 자원 없이 유의미한 정치 세력을 형성하기 어렵다면, 시민 참여를 통해 우리 사회를 조금이라도 개선하는 데 집중해야 한다.

양이현경 과거의 시민사회 운동은 희생과 봉사였다. 무급

이거나 소정의 교통비가 지급됐다. 그러나 지금은 단체 활동비가 곧 활동가의 생계비가 되었다. 활동가들이 노동자 정체성을 갖는 경우도 많아졌고, 단체에서 노조도 생기고 있다. 예전에 어느 선배가 시민단체 활동이 너무 힘들어서 그만두겠다고 하더라. 생활비는 어떻게 버느냐고 물으니 고향집에 내려갈 거라고 하더라.

나는 도시 빈민이라 갈 데가 없다. 요즘 젊은 활동가들도 마찬가지다. 최근 10년간 한국의 경제·사회 문제와 청년 문제는 매우 긴밀하다. 월세로 50~60만 원을 내는데 200만원으로 어떻게 살겠나. 시민사회 활동으로는 생계 유지가 어렵다.

이재정 오늘날 정규직과 비정규직, 비정규직으로도 포획할 수 없는 불안정 노동자의 비율이 거의 '1 대 1 대 1'이라고 본다. 불안정 노동을 하는 젊은 세대는 점점 더 많아지고 있다. 국가데이터처의 '경제활동인구조사'에 따르면 경제활동을 하지 않는 '쉬었음 청년'이 50만 명이 넘는다.

광장의 유명 기수 대부분은 프리랜서이거나 불안정 노동자다. 좋게 말하면 유동적으로 근무 시간을 조정해 집회에 나올 수 있는 사람들이다. 자신이 사회에서 쓰임이 있다는 것을 확인하기 위해 광장에 나오는 취업 준비생이나 오랫동안 실업 상태였던 사람들도 정말 많았다. 이런 사람들이 시민단체를 좋은 일자리라고 생각하고 활동가가 되면 좋겠지만, 노조나 시민단체에서 자리를 잡은 건 보통 가정형편에 여유가 있는 친구들이다. 스스로 생계를 책임져야 하는 친구들은 시민단체를 첫 직장으로 삼으면 먹고살 수 있을지 불안해서 결정을 못 하겠다고 하더라.

광장을 헌신적으로 지켰던 사람들이 좋은 역량을 가진 시민사회 인물로 성장할 수 있는 기반을 만들어야 장기적인 운동이 가능하다. 그러나 지금 시민단체는 추천할 수 있는 일자리가 아니다. 예전에는 시민단체 경력으로 정부나 국회에 들어가기도 했지만, 지금은 그것도 어렵다. 그렇다면 두 가지 방법이 있다. 시민사회의 일자리를 질 좋게 만들거나, 전업 활동가가 되지 않아도 되는 구조를 만들거나. 프리랜서 노동자를 위해 반(半)상근 근로를 가능케 하거나, 시민이 효능감을 느낄 수 있는 방법을 고안할 수 있을 것이다. 주변에도 시민단체에서 활동해 보고 싶으면서도 전업으로 활동하기는 부담스러워하는 친구들이 많다. 이들을 끌어들일 방법을 고민해 봐야 하지 않을까.

윤석인 기성세대는 후진국에서 태어난 사람들이라 젊은 시절의 환경이 현재의 청년 세대보다 훨씬 열악했다고 생각한다. 하지만 과거에는 경제가 성장하니 비록 월급은 적더라도 일자리는 있었는데, 지금은 '고용 없는 저성장' 시대 아닌가. 고용도 없고 성장률도 바닥이다. 이 때문인지, 현재의 젊은 세대는 선진국에서 태어났음에도 먹고사는 문제에 골몰하는 것 같아 조금 의아하고 또 미안하다.

양이현경 선진국에서 태어났기에 그런 고민을 한다고 생각한다. 기본권에 대한 감각이 달라졌다. 청년 세대를 위해 만드는 5평짜리 아파트는 오늘날 기준으로는 인권침해다.

이한솔 1980~1990년대생이 '부모보다 가난한 첫 세대'라는 것은 이미 보편화된 담론이다. 그들이 586세대보다 경제적으로 안정될 가능성이 없다는 것은 당연한 사실로 확인되어 있다. 따라서 청년 세대가 느끼는 불안은 태어난 나라의 부강함이 아니라 이전 세대와 대비한 그들의 상대적 위치에 주목했을 때 비로소 이해할 수 있다. 물론 인구구조 문제도 있다. 국민연금에 대한 분노는 표면적 현상이다.

위신의 문제도 있다. 과거에는 운동한다고 하면 체면이라도 살고 주변으로부터 인정받을 수도 있었다. 그러나 지금 시민사회 활동을 한다고 하면 그저 '안타깝다', '좋은 일 한다'는 평가를 받을 뿐이다. 진보정당 운동을 하면 정치

낭인으로 취급한다. 경제적으로는 물론이고 사회적 지위 측면에서도 매력적이지 않은 이런 곳에서 장기적으로 활동하고 싶은 사람은 없다.

윤석인 이 좌담회를 하기 전에도 항상 왜 민주당에는 이준석 같은 젊은이가 없는지 궁금했다. 그 내용과 방향이 어떻든 이준석은 청년 정치를 하겠다고 자임했고 상당한 지지를 얻었다. 민주당과 그 왼편에서 변화와 개혁을 지향하는 젊은 인물이 나오지 못하는 것도 한국 사회구조와 관련이 있을까.

이주원 먼저 이준석 같은 사람이 어떤 사람인지를 정의하고 싶다. 다들 어떻게 받아들일지 모르겠지만, '당내에서 목소리를 크게 내는 젊은 정치인'은 박지현도 있었다. 박지현은 입당 전부터 지지층이 있었는데도, 크게 성장하기도 개혁을 만들어 내기도 어려웠다. 그전에는 문재인 정부가 청와대에 '청년비서관'이라는 직책을 만들어서 박성민 비서관을 발탁했다. 박성민 비서관도 임명 후에 불공정 시비에 휩싸여 많은 어려움을 겪었다.

이재명 정부도 '청년담당관'이라는 별정직을 청와대 비서실에 만들었다. 다만 청년비서관은 1급 공무원에 준하는 반면 청년담당관은 5급에 상당한다. 청와대 안에서 청년 의제를 정책화하려면 담당자가 업무를 추진할 수 있는 권한과 위상을 가져야 할 텐데, 이재명 정부의 5급 청년담당관은 편제상 선임인 2, 3급 공무원에게 업무를 지시하기가 현실적으로 매우 어려울 것이다. 청년의 목소리에 귀를 기울이는 모습을 보여 주기 위해 상징적으로 자리를 하나 만든 것처럼 보인다. 청년 세대에서 새롭게 영향력 있는 인물이 등장하는 걸 딱히 바라지 않는 것 같다.

이한솔 이준석을 뽑은 사람들에 대한 분석은 다각도로 이루어져야 한다. 이준석을 지지하는 시선을 한 가지로 환원하는 순간 해법이 보이지 않는다는 한탄만 하게 될 가능성이 높다. 이준석은 영향력을 키우는 10년 동안 다양한 역할과 자원을 꾸준히 받았다. 인물 전략은 필요하지만, 대안정당이든 민주당이든 그렇게 오랫동안 지원해 본 역사도 없고 그렇게 할 의지도 없기 때문에 이준석의 방식으로 젊은 정치인이 성장하길 기대하기는 어렵다.

윤석인 정치학교 '반전'이 그런 모델을 추구하는 것 아닌가?

이한솔 '반전'이 청년 정치 인재를 양성하려고 하는 것은 맞지만 그 방식은 이준석이 성장한 모델과 다르다. 그리고 다른 방식으로도 충분히 건강하게 성장할 수 있고, 반드시 30대부터 대성할 필요도 없다고 생각한다.

이재정 이준석은 공공연하게 대변하고자 하는 가치나 사상이 없고 '이기기 위한 정치를 한다'고 말한다. 그렇기에 말을 하는 데 거리낌이 없다. 하지만 민주·진보 진영의 인물들은 대변하고자 하는 가치가 있고, 그래야만 자리가 주어지기도 하니 말을 할 때 조심스러울 수밖에 없다. 물론 정치인이 당연히 지녀야 하는 태도다. 하지만 특정한 가치에 대한 여론이 그 가치를 지향하는 사람에 대한 평가에도 매우 큰 영향을 미친다.

이준석은 국민의힘의 윗세대가 변변치 않아서 본인이 주목받을 수 있다고 이야기한 적이 있다. 1980년대에 운동을 했던 사람들은 대부분 민주당에 있으니까. 이미 568세대가 꽉 잡고 있는 민주당에는 청년들이 뚫고 들어갈 자리가 없다. 윗세대가 선심 쓰듯 자리를 내줘야 하는데, 이때도 사실상 청년의 상징성만 취하고 실질적인 권한·자원·인력 등을 제대로 붙여 주지 않는다. 정당 안에서는 기존의 문법을 답습하지 않고는 성장하기 어렵다. 민주당에서 활동하는 청년들은 대부분 자생적인 방법으로 성장하는 방법을 고민하고 있는 것 같다. 그래서 오히려 시민사회 영역에서 갈고닦아 정계에 들어가는 것이 훨씬 유의미한 방법일 수도 있겠다.

양이현경 이준석을 보통 청년과 비교하기는 어렵다. 이준석은 엘리트에, 유승민을 통해 정치에 입문했고, 박근혜라는 큰 정치인 밑에서 성장했다. 보수 진영은 물론이고 민주당과 진보 언론도 이준석을 키우는 데 일조했다. 정계 입문 초창기에 엘리트 청년 이미지에 주목했다. 이후 이준석은 신자유주의의 최고 가치인 '공정'을 주요 프레임으로 삼으면서 큰 지지를 얻었다. 시험을 봐서 1등, 그놈의 1등을 뽑는 공정.

새로운 시민정치

뉴미디어 시대의 시민정치

윤석인 통신 혁명이 시민정치와 사회조직에 불러온 변화로는 비조직적인 청년 정치의 등장도 있지만 김어준 현상과 유튜브의 부상도 있다. 앞선 좌담에서는 김어준 현상의 부정적인 측면을 많이 거론했다. 여러분의 생각은 어떤가.

양이현경 여기에는 김어준 방송을 보는 사람이 없을 것 같다. 40대를 비롯한 50~60대, 즉 민주화 운동 세대가 시청자의 대부분 아닌가.

이재정 우리 세대는 〈나꼼수〉를 비롯한 김어준의 방송을 대체로 소비하지 않는다. 소비한다면 대부분 부모님이 집에서 틀어 놓아 강제로 접하는 경우일 것이다.

이한솔 열렬한 시청자는 주로 40대 이상이다.

이재정 청년들은 경제 방송이나 〈김현정의 뉴스쇼〉 등은 들어도 김어준은 안 듣는다. 편향성을 극도로 경계해서 '민주당 지지층이 소비하는 방송'을 꺼린다.

이한솔 김어준은 개인화, 인플루언서의 등장, 규모의 경제에 편승한 미디어 같은 시대적 흐름을 타고 운 좋게 부상했다. 팟캐스트와 유튜브 등 플랫폼을 적절히 잘 활용했다. 그런 신문물을 빨리 수용한 X세대, 그 중 특히 여성층에서 두터운 팬층을 형성했다. 40대 민주당 지지자가 김어준에게 열렬한 지지를 보내는 것도 이해된다.

시민사회나 진보 진영은 인플루언서도 없고, 규모의 경

제로 미디어를 밀 수도 없고, 개인화된 시민들을 전략적으로 잘 움직이기는 하지만 뚜렷한 조직화 방법론이 있는 것도 아니라 큰 반향을 일으키지는 못하고 있다. 지난 10년 정도는 속수무책으로 영향력을 다 뺏겼다. 당장 효과를 거두기는 어렵더라도 미디어 전략이 필요하다.

이주원 이미 한물간 논의지만, 김어준이라는 스피커가 만들어 낸 방송 환경뿐만 아니라 유튜브를 비롯한 뉴미디어에 대한 대응이 시급하다. 유튜브의 쇼츠나 인스타그램의 릴스 같은 쇼트폼(short-form) 콘텐츠는 정보를 필터링해 사용자가 보고 싶은 정보만 보여 준다. 정보 전달이라는 언론의 개념 자체가 무너지고 정치 양극화를 심화하는 이 통신체계를 국가 차원에서 관리해야 한다.

윤석인 2025년 6월, 이재명 대통령이 가짜 뉴스에 대해 징벌적 손해배상 등 대책을 마련하라고 법무부에 지시했다.[3)]

---

3) 행정안전부(2025). 2025년도 제26회 국무회의 회의록.
https://www.mois.go.kr/frt/bbs/type001/commonSelectBoardArticle.do?bbsId=BBSMSTR_000000000430&nttId=119461

이주원 매우 어려운 문제다. 가짜 뉴스를 명확히 정의하기도 어렵다. 짜깁기한 몇 가지 진실만 보여 주는 것도 가짜 뉴스인가? 뉴미디어 시대의 폐해를 예방하기 위한 미디어 리터러시 교육도 필요하다. 하지만 방송통신위원회 등이 주관해 사회적 담론을 형성하고 제도를 마련하는 것이 더 중요한데, 민주당도 김어준의 방송이나 〈매불쇼〉 같은 프로그램을 통해 정치적 이익을 얻고 있으니 강하게 관리하고 제동을 걸지는 않을 것 같다.

윤석인 잘못하다가는 민주당이 자주 받는 '내로남불'이라는 비판이 나올 수 있겠다. 김어준도 부정선거 주장을 비롯한 가짜 뉴스 문제에서 자유롭지가 않다.

양이현경 미디어의 기능이 인간의 욕망과 맞닿는 지점을 살펴봐야 한다. 김어준은 프레임 설정의 대가다. 어떤 사실의 이면에 있는 알지 못하는 무언가가 있고, 이에 전략적으로 대응해야 한다고 주장한다. 사람들이 듣고 싶어 하는 말을 하면서 정치 영역에서 그런 음모론을 퍼뜨린다.

진보와 보수를 막론하고 사적으로 술을 마시며 이야기하는 방송이 플랫폼을 통해 유통된다. '아니면 말고' 식의 많은 음모론이 그런 방송에서 나온다. 윤석열 전 대통령도 유튜브를 통해 부정선거 음모론에 빠졌다. 미디어 플랫폼에 대한 규제는 필요하지만 그렇다고 유튜브를 금지할 수는 없지 않나. 결국, 저널리즘과 미디어 리터러시가 필요하다는 진부한 결론에 다다르게 돼서 고민이 많다.

윤석인 확실히 세대 차이가 있다. 노무현 대통령 당선 뒤 노무현 얼굴 나오는 지상파 방송이 싫다며 팟캐스트만 듣던 세대가 있었다. 정권이 달라져도 대안 미디어로 사람이 쏠리는 현상이 반복됐고, 최근에는 사실을 훨씬 더 자극적으로 부풀리거나 음모론을 제기하는 유튜버가 부흥했다. 그러나 좌담에서 확인한 것처럼 오늘날 젊은 세대가 편향성을 경계한다면, 앞으로는 미디어 생태계가 좋은 쪽으로 달라질 것 같다.

이한솔 김어준은 저널리즘을 자처하며 성장한 인물이 아니다. 정치적인 수다를 떠는 평론가로 성장했다. 이는 시민사회가 대중과 소통할 채널이 사라진 상황을 인지하고 기획과 브랜딩을 잘하면 새로운 기회를 잡을 수 있다는 것을 의미한다. 예전에 페이스북을 잘 활용했지 않나. 하지만 개별 단체가 브랜딩을 하고 유튜브를 관리하는 것은 너무 어렵다. 시민사회가 합의를 통해 통합적인 채널을 만든다면 해

볼 만한 시도라고 본다. 그 내용은 정치적이어도 좋고 아니어도 좋다.

시민정치의 미래

윤석인 이제 좌담회를 마무리하겠다. 전 세계적으로 트럼프와 같은 '엉뚱한 스트롱 맨'이 득세하는 등 보수화 흐름이 거세지고 있다. 그러나 대한민국은 12.3 계엄 이후 시민들이 자력으로 민주주의를 회복하는 드물고 소중한 경험을 했다. 그것을 지키기 위해 시민사회단체는 앞으로 어떤 역할을 해야 하나? 각자 무엇이 가장 중요하다고 생각하는지, 이재명 정부에 대한 기대도 더해서 이야기해 주면 좋겠다.

이주원 계엄 이후 광장에서 청년 조직을 준비하면서 여러 총학생회를 만났다. 비상행동 출범 초기에는 대학생 조직을 만들어서 비상행동의 의결 단위로 올리고 싶었다. 거기에 들어가야만 청년들의 목소리가 비상행동에 반영될 것이라 생각했다.

그러나 그마저도 쉽지 않았고 청년 활동가 사이의 연대도 원활하지 못했다. 무엇이 문제일까 고민해 보니, 각자 분산되어 활동하는 것도 하나의 방법이겠지만, 정기적인 집담회나 교류의 장을 마련하는 것이 필요하다는 생각에 이르렀다. 청년 세대끼리는 물론이고 선배 세대 사회운동가와도 연대할 수 있는 공간이 필요하다. 그래야 더 다양한 의견을 담아내고 분절된 청년운동을 하나의 흐름으로 만들 수 있지 않겠나. 일회성 동원이 아닌 지속 가능한 연대를 실천할 방법을 막연하게 고민하고 있다.

이한솔 부정적인 전망도 있지만, 나는 계엄 이후 탄핵과 파면까지 이행하는 과정에서 시민사회가 반등할 동력을 얻었다고 본다. 박원순 시장 사건 이후 추락하고 있던 시민사회가 이번에 다양한 사람들에게 긍정적 경험과 기억을 남길 수 있었다. 하지만 너무 조급할 필요는 없다. 선배들은 신나서 여러 희망 사항을 늘어놓지만, 시민사회는 변곡점을 지났을 뿐 아직 기반을 갖추지는 못했다. 따라서 앞서 언급된 여러 과제, 즉 정치 대안 세력화든 시민 참여 활성화든 미디어 전략이든 천천히 준비해야 한다. 그동안 부정적인 말을 반복한 이유는 흥분을 가라앉히려던 것뿐이다. 결론적으로는, 시민사회가 아직 갈 길은 멀지만 희망적인 국면에 돌입했다고 생각한다.

이재정 두 가지 고민이 있다. 먼저 광장을 헌신적으로 지킨

비조직 청년들이 정치 문제에 너무 실망하지 않았으면 좋겠다. 청년들이 지속적으로 사회에 기여할 수 있는 방식을 만들어야겠다는 책임감이 든다. 다음으로 흩어져 있는 사람들을 지속적으로 만나게 하는 연결 고리가 있으면 좋겠다. 윤퇴청은 특정 정파나 조직과 무관한 새로운 조직이다. 그 덕분에 민주당, 정의당, 진보당 등 여러 정당과 광장의 친구들을 모아 토론회를 열 수 있었다. 준비가 미흡해 기대한 만큼 큰 효과를 거두지는 못했지만, 유명하지는 않더라도 각자의 분야에서 열심히 활동한 친구들이 한자리에 모여 서로의 관점을 나누는 경험은 값졌다.

현 정부는 사실 특정 영역에서는 잘하고 있다. 사회적 참사 유가족 분들에게 고개 숙이는 장면을 보고, 몇 개월 동안 광장에서 겪었던 고생을 보답받았다는 마음이 들 정도였다. 그 장면 하나를 보기 위해 유가족 분들은 얼마나 치열하게 투쟁해 왔겠나. 지난 정부가 너무 일하지 않았기 때문에 적극적인 행정에도 충족감이 든다. 하지만 젠더·여성·성소수자 같은 의제는 절대 임기 내에 건드리지 않을 것이라는 확실한 믿음이 있어서 씁쓸함이 남는다. 또 개별 활동가의 역량에 기대지 않고 공식적으로 시민들의 의견이 정무에 반영될 수 있는 제도가 이제는 도입되어야 한다. 그래야 앞으로 정부에 대한 불신을 줄여 나갈 수 있지 않을까.

정유현 정당 운동과 시민사회단체 운동을 했던 사람들과 함께하면서 겪는 딜레마가 있다. 내부에서는 대안 정치 세력이 필요하다고 말하면서 동시에 이전에도 실패해 왔고 이번에도 실패할 것이라는 생각을 한다. 그럼에도 '아무것도 하지 않을 수는 없다'는 의지는 사라지지 않는다. 우선 자기를 잘 돌보고 생계를 유지하면서 길게 내다보고 대안 정치 세력화를 계속 시도해 보려 한다. 그간 정치가 보여 주지 못했던 희망을 찾는 과정은 지난할 수밖에 없을 것이다.

민주당에 대한 이야기를 하자면, 소수 정당이나 시민사회단체들도 박수칠 만한 민주당의 행보에는 박수를 쳐야 한다는 생각도 든다. 앞으로 민주당과 솔직하고 투명하게 논의하고 관계를 맺어야 할 것이다. 분명히 민주당은 부족한 점이 있다. 여성, 소수자, 청년 등 진보적인 의제에 소극적이라는 문제도 있지만, 상대편을 타자화하고 배척하는 것도 큰 문제다. 이준석을 지지하는 젊은이들에게 '극우화된 청년'이라는 프레임을 씌우기보다는 그들과 소통하며 그들이 어떤 생각을 하는지, 무엇을 원하는지 들어 봐야 한다. 민주당이 하지 못하는 일, 하지 않는 일을 담아내는 것이 진보정당과 시민사회의 과제라고 늘 생각한다.

양이현경 민주당 정권이 들어서도 여성단체의 상황은 여전히 녹록지 않다. 물론 이전 정권과 비교하면 조금 나아졌지만 민주당도 선거 국면에서 전략적으로 여성·성평등 의제를 수면 아래로 감추려 하지 않았나. 백번 양보해서 선거 전략상 불가피했다고 해도 정권을 잡은 이후에는 달라져야 한다. 집권 이후 행보를 보면 이재명 대통령은 정치인이 아니라 행정가에 가깝다는 생각이 든다. 각종 행정을 적극적이고 효율적으로 처리하는 모습이 물 만난 물고기 같다. 차별금지법을 비롯해 퇴보하고 지연된 여성·성평등 정책을 복원·추진하는 데도 그런 역량을 보여 주길 바란다.

윤석인 오늘은 이렇게 마무리하자. 오늘 처음 듣고 배운 이야기가 많아서 개인적으로 참 좋았고, 그래서 여러분 모두에게 감사하다. 우리 세대가 여러분 청년들을 위해 무엇을 할 수 있는지 앞으로도 계속 고민하겠다.

참고문헌

국가데이터처(2025). 경제활동인구조사.
https://kosis.kr/statHtml/statHtml.do?orgId=101&tblId=DT_1DA7002S

박영선 외(2021). 〈한국 시민사회의 연대 운동 진단 - 시민사회단체연대회의를 중심으로〉. 한양대학교 제3섹터연구소.

안성용(2025). 《윤석열은 왜? 우리는 무엇을?》. 밥북.

유형근(2025). "진보정당의 계급적 지지 기반 분석, 2003~2023". 《한국사회학》, 59(2), 63~109쪽.

이수민·황경상(2024.12.19). 14일 탄핵 집회 정점 때 41만7천명 넘어…20대가 50대 추월. 《경향신문》.
https://www.khan.co.kr/article/202412192110015

한국행정연구원(2024). 사회통합실태조사.
https://www.index.go.kr/unity/potal/indicator/IndexInfo.do?idxCd=5085

행정안전부(2025). 2025년도 제26회 국무회의 회의록.
https://www.mois.go.kr/frt/bbs/type001/commonSelectBoardArticle.do?bbsId=BBSMSTR_000000000430&nttId=119461

Levitsky, S. & Ziblatt, D.(2018). *How Democracies Die*. Crown. 박세연 옮김(2018).《어떻게 민주주의는 무너지는가》. 어크로스.

지은이

김경민

한국YMCA전국연맹 사무총장. 연세대학교 철학과 졸업. 시민안전문화재단 이사, 국채보상운동기념사업회 이사, 평화·통일비전 사회적 대화 전국시민회의 상임의장, 6·15 공동선언 남측위원회 상임대표, 시민사회연대회의 공동대표, 한국사회적경제연대회의 상임대표 등으로 활동하고 있다.

김원재

한국사회과학연구회 이사장. 학교법인 전인학원 상임이사. 서울대 경제학과 졸업. 대학교 진학 이후 한국 사회의 진보를 위한 실천과 연구를 지속했다. 특히 지난 20년 동안 참된 교육을 위해 대안학교를 운영해 왔다.

안성용

서울대학교 화학과 졸업. 학생운동, 노동운동, 민주화 운동을 했다. 2016~2017년 박근혜퇴진 비상국민행동 상임운영위원으로 활동했다. 2024~2025년 윤석열즉각퇴진·사회대개혁 비상행동에 기독교시국행동의 공동대표를 맡아 참여하고 있다. 현재 한국사회과학연구회의 이사를 맡고 있다.

양이현경

한국여성단체연합 공동대표. 20대 초반 대학을 졸업하기 전부터 지금까지 대부분의 시간을 여성단체에서 활동하면서 보냈다. 인구의 절반인 여성에 대한 차별과 폭력 해소가 평등한 사회, 지속 가능한 사회를 만든다고 생각한다. 성평등은 여성뿐만 아니라 존재하는 모든 사회적 소수자의 권리를 증진시키는 것이라고 믿는다.

윤석인

희망제작소 이사장. 젊은 시절 민주화 운동에 헌신했다. 《한겨레신문》 창간에 참여해 사회부 법조팀장, 정치부 정당팀장, 경영기획실장 등을 맡았다. 현재 성남이로운재단 부이사장, 경희학원 개방이사, 전인학원 이사장 등을 맡고 있다. 저서로는 《소통과 혁신의 리더십》(2022, 공저), 《지방자치가 우리 삶을 바꾼다》(2022) 등이 있다.

윤영상

KAIST 문술미래전략대학원 연구교수. 서울대학교 사회학과 졸업, 북한대학원대학교 박사. 전국시국회의 전략기획위원. 7공화국을여는사람들 기획위원장. 통일보건의료학회 이사. 남북관계발전위원회 민간위원. '평화 공존 두 국가론', '평화 공존 통일론' 담론을 제기. 주요 저서로 《시그널 코리아 2025》(2024, 공저), 《대혼란의 세상, 희망을 찾아서》(2024. 공저), 《다시 진보의 길을 묻다》(2023) 등이 있다.

이재정

중앙대학교 정치국제학과 졸업, 동 대학원 사회정책 석사. 중앙대학교 불안정노동과 사회정책 랩 연구원. 한국여성단체연합 활동가, 국회 정책 비서관 등으로 일했다. 광장을 잇는 '윤퇴청' 대표, 불평등 물어가는 범청년행동 공동대표를 맡고 있다. 《광장 이후: 혐오, 양극화, 세대론을 넘어》(2025, 공저)를 함께 썼다.

이주원

한국외국어대학교 영어학과 졸업. 한국외국어대학교 총학생회장, 전국대학학생회네트워크 제5기 의장을 역임했다. 언론사 《민중의 소리》 청년 필진으로 활동했다.

이태호

참여연대 운영위원장 겸 평화군축센터 소장. 시민사회단체연대회의 운영위원장. 4.16연대 상임집행위원장. 서울대학교 서양사학과 졸업. 1995년 참여연대 입사 이래 4·16세월호참사 피해자 지원과 진상 규명, 평화 군축, 권력 감시 운동 등을 펼쳐 왔다. 윤석열즉각퇴진·사회대개혁 비상행동 공동운영위원장, 박근혜정권 퇴진 비상국민행동 공동상황실장 등을 역임했다.

이한솔

한국사회주택협회 이사장. 불평등 물어가는 범청년행동 운영위원장. 계절의 목소리 대표. 민달팽이유니온, 한빛미디어노동인권센터 등을 설립했다. 주요 저서로 《활동가는 처음이라》(2025), 《허락되지 않은 내일》(2021), 《가장 보통의 드라마》(2019) 등이 있다.

정유현

전 녹색당 사무처장. 전 녹색정의당 2024년 비례대표 후보. 서강대 정치경영학과 석사 재학 중. 2019년부터 녹색당 당직자로 활동하다가 2024년 총선 후 퇴사하고 동료들과 함께 대안 정치 조직화에 대한 실험과 공부를 이어 가고 있다.